Elogios para *Muerte*

El doctor José Norberto, consumado y distinguido cirujano cardiotorá- cico, ha escrito un interesante tratado sobre la crucifixión de Jesucristo desde una perspectiva médico-quirúrgica. Los lectores encontrarán que sus observaciones conducen a la reflexión. Sus singulares percepciones sobre el increíble trauma sufrido por el cuerpo humano de Jesús, como revela la Escritura, y sus pensamientos sobre la·resurrección, son dignos de la consideración y atención del lector.

G.B. SNIDER, MD, FACP

El Dr. Norberto ilustra con simples palabras que la ciencia y la religión no se contradicen. Es capaz de crear un puente seguro entre las inter- pretaciones religiosas y científicas en torno a la crucifixión de Jesús. Leer este libro me ha dado una perspectiva diferente sobre la vida, crucifixión y resurrección; el Dr. Norberto ha tocado mi corazón, sin ser mi médico, y me ha motivado a continuar leyendo y aprendiendo sobre el mundo verdadero de Jesucristo.

CARMEN LAZALA, MD, FAAP

Muerte
Física y
Resurrección
Visión de un cirujano

Dr. José J. Norberto

MUERTE FÍSICA Y RESURRECCIÓN
Visión de un cirujano
Derechos reservados © 2014, por el Dr. José J. Norberto

Publicado por Deep River Books
PO Box 310
Sisters, Oregon 97759
www.deepriverbooks.com

ISBN: 978-1-940269-33-7

Biblioteca del Congreso: 2014949066

Diseño de la portada por Juanita Dix

CONTENIDO

Reconocimientos

Un agradecimiento especial a Janessa Castle, por el fino trabajo realizado en la edición del manuscrito. Desde la primera conversación sobre este libro, ella fue capaz de capturar mi pasión por el mismo y pudo mantenerla como parte integral del manuscrito. También, muchas gracias a Kathryn Deering, cuyo toque editorial lo elevó a otro nivel.

Me gustaría agradecer, además, a Devon Marshall por sus excelentes gráficos e ilustraciones para este trabajo. Gracias a todos ustedes, mi equipo, por su dedicación, apoyo y amistad.

PREFACIO
Por la Dra. Margaret Sawyer

Mi primer encuentro con el Dr. José Norberto fue durante mi rotación de cirugía cardiotorácica (CT), como interna de cirugía general. El primer año de residencia en cirugía general es muy impresionante. No siendo ya estudiante de medicina, la responsabilidad de salvar las vidas de las personas está únicamente en nuestras manos. El trabajo de un interno de cirugía general es completamente abrumador y emocionante al mismo tiempo. Ya uno no se puede ocultar tras el velo de ser un estudiante. Por primera vez uno está a cargo. Es una marcada curva de aprendizaje y hay que asimilar cada experiencia.

Al principio de mi rotación en CT, conocí al Dr. Norberto en una conferencia sobre morbilidad y mortalidad. En este tipo de conferencia, los médicos tratantes discuten las lecciones de diversos casos y aprenden recíprocamente de sus respectivas experiencias. Aunque el Dr. Norberto era cirujano en un hospital comunitario y no en el típico y gran hospital universitario, se comportó como un líder confiado y con buena expresión oral, y yo me dispuse a aprender de él tanto como fuera posible.

A través de los años, he llegado a conocerlo mucho mejor, ya que trabajamos en el mismo hospital comunitario. Ahora me doy cuenta por qué se distinguía de los demás. A pesar de muchos años de horarios rigurosos y cirugías difíciles, así como de incontables horas en la sala de operaciones salvando vidas humanas cada semana, el Dr. Norberto sigue profundamente arraigado en su fuerte fe cristiana.

Después de dar charlas sobre el tema de la muerte física de Jesús y estudiar intensamente la crucifixión, él escribe aquí sobre la ciencia real detrás de ello. Y a través de sus esfuerzos, se nos ofrece una oportunidad para reflexionar sobre nuestra propia fe. Como médicos, nos embarcamos en un viaje de por vida para encontrar respuestas a muchas de las preguntas más difíciles de la existencia. Cuando un paciente viene a nosotros con un problema, tenemos la responsabilidad de encontrar la solución. Nuestra trayectoria científica y la formación médica han sembrado en nosotros un impulso para buscar hasta encontrar la respuesta. Esta formación puede crear un potencial para conflictos sobre el tema de la religión.

Los científicos y los médicos pueden sentirse incómodos con el concepto de fe y ser reacios a aceptar la religión. El Dr. Norberto ha abrazado los misterios de la fe y ha puesto en marcha una investigación médica sobre ciertas enseñanzas bíblicas. *Muerte Física y Resurrección* nos transporta en un viaje científico a la época de Cristo. Comenzando con El Sudario de Turín, el Dr. Norberto explora la evidencia científica que vincula la Sábana Santa con Jesús. En la segunda sección, el Dr. Norberto presenta una interesante explicación científica de la Crucifixión y la Resurrección. La presentación se basa en una investigación a fondo; está bien escrita y ofrece a sus lectores evidencia histórica y científica para apoyar la Resurrección. Pero, al final, la cita que hace el Dr. Norberto de Santo Tomás de Aquino lo resume todo:

Para el que cree, ninguna explicación es necesaria.

Para el que no tiene fe, ninguna explicación es posible.

DRA. MARGARET S. SAWYER

INTRODUCCIÓN

El propósito de este libro es muy simple: aumentar la conciencia entre los cristianos del sacrificio extremo de Jesús; al mismo tiempo que estimula la curiosidad entre los no cristianos hacia el hombre extraordinario llamado Jesús de Nazaret. La mayoría de los cristianos saben que Jesús dio su vida por ellos y que sufrió la más dolorosa ejecución conocida por el hombre. Por su muerte en la cruz son perdonados nuestros pecados. Él cargó sobre sus hombros el pecado de este mundo en el momento de su muerte.

Mi propósito es crear un puente entre la interpretación religiosa de la muerte de Jesús y el sufrimiento físico real de ese ser humano que para millones de personas es el hijo de Dios—el Mesías. Entender el sufrimiento físico nos da un valor más profundo de su sacrificio, lo que nos permite hacer un análisis más serio de nuestras propias vidas, con el objetivo de hacernos merecedores de su sacrificio.

Por otro lado, para algunos racionalistas que solo hacen hincapié en hechos observables, para quienes Jesús fue solo un hombre extraordinario, quizás el más grande ser humano de todos los tiempos, este libro también es útil. Esto se debe a que comparte detalles sobre cómo ese líder extraordinario fue capaz de morir (mediante un método de ejecución terriblemente bárbaro) sin renunciar a sus ideales. Él fue un líder en el sentido más auténtico de la palabra—y ese tipo de liderazgo no se da en los tiempos actuales.

Mi interés en relación con la muerte física de Jesús comenzó hace unos veinte años, cuando leí un libro sobre El Sudario de Turín, un manto encontrado en esa ciudad de Italia, que tiene grabada la imagen de un hombre crucificado. El libro resume la investigación realizada en la década de los treintas por un grupo multidisciplinario que incluyó un fotógrafo, un médico y otros investigadores. Leí el libro cuando estaba en la facultad de medicina y me sentí intrigado por las muchas disciplinas científicas involucradas en esa investigación. Como ya he dicho, era un equipo pluridisciplinario, pero tengo que admitir que quien más atrajo mi atención fue el médico del equipo—un cirujano. La descripción que el médico hizo de las heridas fue fascinante para mí. También me resultó muy interesante ver las fotos iniciales de la Sábana Santa, tomadas con una cámara muy primitiva por un fotógrafo italiano.

Después de terminar la carrera de medicina en la República Dominicana, vine a los Estados Unidos a especializarme en cirugía general y luego hice una subespecialidad en cirugía cardiotorácica. Las residencias en el área de cirugía son muy intensas y no hay mucho tiempo para pensar en nada—uno simplemente sobrevive; pero tengo que decir que mi interés en el tema se mantuvo durante esos años difíciles y se extendió más allá. Recientemente, encontré una literatura médica sobre la crucifixión de Jesús. Me impresionó el impacto que tiene una crucifixión en un cuerpo humano. Esto me hizo pensar profundamente en el significado de su muerte, sus consecuencias para las generaciones siguientes y cómo afecta mi propia vida.

No estoy muy seguro de cómo empezó en mí la idea de escribir un libro. Tal vez fue después de una de mis conferencias sobre los aspectos médicos de la crucifixión. Vi cómo reaccionó el público cristiano a mi presentación. Ellos querían más. Pensé que algunos no creyentes tendrían la misma reacción y que la sed de aprender más sobre la máxima figura histórica podría llevarlos a encontrar al Mesías.

Todo el proceso de escribir acerca de Él desde esta perspectiva ha sido único. Antes de describir el proceso de la crucifixión, le eché un vistazo a toda la información disponible e hice un perfil médico pre-crucifixión. ¿Cuál era el estado de salud física de Jesús? ¿Cómo era su personalidad? Además, ¿cómo lo percibían los demás? También era importante explorar brevemente el ambiente sociopolítico imperante en aquel entonces. Mediante la comprensión de su personalidad y sus características como líder podemos entender el conflicto entre el sistema o statu quo político-social y Jesús, el joven líder. Obviamente, el choque entre las dos fuerzas opuestas culminó con su crucifixión.

La eliminación de un líder se ha utilizado durante siglos como un método para controlar las tendencias o movimientos no deseados. Esta maniobra en particular puede lograr resultados no deseados, en función de múltiples factores, incluyendo qué tan temprano en el movimiento se produce la eliminación del cabecilla, cuán sólida es la ideología de la persona, cuánto tiempo estuvieron expuestos sus seguidores a la nueva ideología, entre otras cosas. En este caso, luego de un período inicial de temor después de la muerte de Jesús, vemos un impulso de energía extraordinaria para su movimiento religioso. En términos básicos, la crucifixión no pudo destruir lo que Jesús había empezado.

Tengo que admitir que la inclusión de la resurrección no era parte de mi idea inicial para este libro. Terminé sintiendo lo que otros autores han experimentado: a veces, el libro tiene mente propia. La realidad es que la historia de Jesús está incompleta sin la resurrección. Tiene que discutirse, independientemente de la postura teológica que uno tenga. En la historia humana no se ha registrado ningún otro fenómeno como lo que sucedió después de la muerte de Jesús. Su movimiento religioso despegó hasta el punto que el Imperio Romano se convirtió al cristianismo en un tiempo relativamente corto. No hay una explicación sociológica de este fenómeno. Por lo tanto, he dedicado la última parte de este libro a hablar de lo que se considera la fuente de energía del cristianismo: la Resurrección.

Siento la necesidad de compartir con la humanidad, con creyentes; así como con no creyentes, lo que he aprendido sobre la Muerte Física y la Resurrección de Jesús. Mi esperanza es que se efectúe un proceso de autoevaluación en la vida de cada persona que lea este libro y mi objetivo es llevar a todos más cerca del ideal de Jesús, el líder, el Mesías.

Mi profesión me permite tocar físicamente el corazón de las personas. Ahora, a través de este libro, espero que Dios toque el tuyo.

EL SUDARIO DE TURÍN

Vino José de Arimatea, miembro prominente del Concilio (Sanedrín), que también esperaba el reino de Dios; y llenándose de valor, entró adonde estaba Pilato y le pidió el cuerpo de Jesús. Pilato se sorprendió de que ya hubiera fallecido, y llamando al centurión, le preguntó si ya estaba muerto. Y al comprobar esto por medio del centurión, le concedió el cuerpo a José, quien compró un lienzo de lino, y bajando el cuerpo de la cruz, lo envolvió en el lienzo de lino y lo puso en un sepulcro que había sido excavado en la roca; e hizo rodar una piedra a la entrada del sepulcro.

MARCOS 15, 43–46

E l Sudario, Manto o Sábana Santa de Turín, es el manto de lino que algunos creen que fue utilizado para envolver el cadáver de Jesús. Otros creen que es simplemente una representación artística magistral. Esta pieza de lino es de forma rectangular; mide 4,4 metros por 1,1 metros (14.3 por 3.7 pies).

Se puede afirmar que en la historia de la humanidad ningún otro material textil ha sido tema de tan numerosas investigaciones. Resolver el misterio de tan controversial objeto sobrepasa el alcance de este libro. De hecho, se han dedicado libros enteros exclusivamente al Sudario de Turín. Sin embargo, es pertinente incluir alguna información sobre este asunto. Parece que mientras más se investiga sobre el Sudario, más confuso y misterioso se vuelve.

Incluso la fecha en que se encontró está rodeada de controversias. El documento más exacto se remonta a mediados de los años 1300, cuando

Geoffrey de Charny, un caballero francés, informó al Papa Clemente que estaba en posesión de la Sábana Santa. Su ubicación y anfitrión cambiaron varias veces antes de que el Sudario llegara a su lugar actual en Turín, Italia.[1]

A través de los años, el Sudario de Turín ha sobrevivido a numerosos incendios que han dejado marcas de quemaduras en sus fibras, haciendo necesaria su reparación. En ocasiones especiales, esta reliquia ha sido exhibida al público y a investigadores. Fue en la exhibición al público en 1898 que un fotógrafo aficionado, Secondo Pia, retrató el Sudario por primera vez.[2] Este fotógrafo italiano tuvo el privilegio de tomar las primeras fotografías de la misteriosa pieza de lino. La observación inicial de la tela reveló la delicada silueta de un cuerpo humano. (Véase la Figura 1.) El fotógrafo llevó la placa fotográfica al cuarto oscuro, para revelarla. Ahí fue testigo de un fenómeno extraordinario—algo para lo que no estaba preparado. La imagen del negativo mostró un rostro muy distintivo; el negativo era más claro que la difusa silueta que él había fotografiado. (Véase la Figura 2.) Luego de inspeccionar las fotos por varias horas, llegó a la conclusión de que el Sudario original es en realidad el negativo. ¿Qué fuente de energía o qué evento puede haber creado una imagen negativa de la silueta plasmada en el lino?

En mayo de 1931, el Sudario fue exhibido de nuevo y un segundo fotógrafo, un profesional llamado Giuseppe Enrie, tuvo la oportunidad de reproducir la reliquia. Esta vez, el Sudario se fotografió utilizando equipos modernos para la época y en presencia del pionero, el señor Pia, el señor Enrie confirmó los hallazgos del primero en 1898.[3] La inspección formal del Sudario de Turín acababa de comenzar.

Simultáneamente, durante la presentación de 1931, se le asignó a un cirujano la tarea de describir la imagen del Sudario desde el punto de vista médico. El Dr. Pierre Barbet estudió la imagen muy cuidadosamente. Describió el cadáver con sus heridas, como estaba reflejado en el Sudario. La descripción gráfica de la imagen corresponde a un hombre que había sido brutalmente herido, un hombre que sufrió una forma de ejecución que no se utiliza en los tiempos modernos: la crucifixión.

El Dr. Barbet realizó una inspección muy minuciosa y sistemática, seguida de una descripción de sus hallazgos. Uno de los hallazgos que llamó su atención fue que los clavos atravesaron las muñecas. Le desconcertó el hecho de que el clavado no hubiera sido en las palmas de las manos, como se describe en la Biblia o como se describe tradicionalmente, sino más bien en las muñecas. Tenía que analizar sus resultados, ya que esto contradice las creencias históricas tradicionales. Realizó extensos experimentos con brazos recién amputados, en los que pasaba los clavos a través de las palmas de las manos en un grupo y a través de las muñecas en un segundo grupo. Luego añadió 100 libras de peso. Los resultados fueron impresionantes: el peso no podía sostenerse con un clavo pasado a través de la palma de la mano, pero una muñeca era capaz de soportar el peso.[4] Sus experimentos confirmaron lo que la Sábana Santa había revelado: que la crucifixión debió haberse efectuado pasando los clavos a través de las muñecas y no de las palmas de las manos.

Pero entonces, ¿cómo se puede explicar la descripción bíblica "Me horadaron las manos y los pies"? (Salmo 22,16) Esto era de suma importancia para descifrar el misterio y explicar la discrepancia. Para resolver el enigma, el Dr. Barbet necesitaba revisar la nomenclatura anatómica. Su conclusión: "Los anatomistas de todas las edades y de todo el mundo consideran la muñeca como una parte integral de la mano, que consiste en la muñeca, el metacarpo, y los dedos".[5] En otras palabras, uno puede legítimamente llamar a la muñeca "la mano", como se hizo en ese salmo.

Vale la pena apreciar que las obras de arte relativas a la crucifixión se pueden dividir en dos eras: antes y después del trabajo clásico publicado por el Dr. Barbet. No es raro observar los clavos a través de las palmas de las manos en antiguas esculturas o pinturas creadas antes del descubrimiento de este médico francés. Las obras de arte recientes tienden en su mayor parte a ser más precisas desde el punto de vista anatómico.

Después de examinar la Sábana Santa, el médico consideró que las heridas visibles en esta imagen corresponden a la metodología utilizada en la crucifixión romana. Asimismo, indicó que hubo lesiones específicas en la cabeza, que debieron ser causadas por la corona de espinas; así como una herida en el pecho, todo lo cual apuntaba más específicamente a la crucifixión de Jesús como la describe la Biblia.

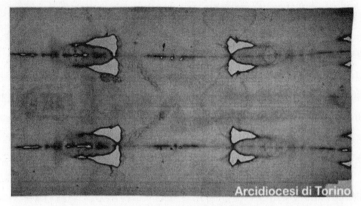

La figura completa en el Sudario

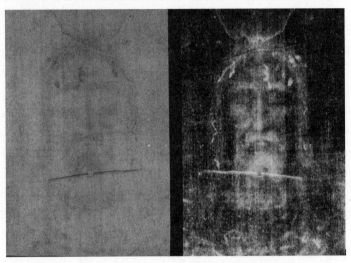

Imagen negativa del rostro en el Sudario.

[imágenes utilizadas con autorización de la Cofradía de la Sábana Santa]

INVESTIGACIONES Y CONTROVERSIAS RECIENTES

Es cierto que las investigaciones sobre El Sudario de Turín son extremadamente complejas. Como mencioné antes, probar la autenticidad del lienzo excede el alcance de este libro. Puesto que muchos de los conocimientos médicos sobre la crucifixión como método de ejecución se obtuvieron del trabajo del Dr. Pierre Barbet, es necesario detallar algunos puntos.

En mi ejercicio profesional como cirujano, trato de descubrir los problemas de los pacientes, simplificarlos y luego establecer un plan confiable, reproducible y sin complicaciones. Es más fácil recordar un plan sencillo que un procedimiento abrumador e innecesariamente complicado. También es importante tener un enfoque organizado al abordar un tema complejo. Jesús usó un lenguaje sencillo al impartir sus enseñanzas y yo haré lo mismo para explicar las complejidades que rodean la Sábana Santa.

En 1976, un grupo de científicos estadounidenses en los laboratorios Sandia en Los Álamos, Nuevo México, utilizó un analizador de imágenes muy sofisticado para estudiar la fotografía de la Sábana Santa, tomada en 1931 por el señor Enrie. Este analizador de imágenes, llamado VP-8 *Image Analyzer*, se utiliza para crear mapas en relieve a partir de fotografías de la luna y cualquier otro mapa topográfico. El principio consiste en convertir luces y sombras en sombras y reflejos, creando una imagen tridimensional. Este analizador creó una imagen en 3-D de la foto de la Sábana Santa de 1931. Uno podría preguntarse por qué esta información es importante. Bueno, una foto regular no produce una imagen tridimensional. El Sudario tiene un código 3-D dentro de sí, ilustrando que un ser humano real estuvo envuelto en este lienzo. Este hallazgo en particular por parte del Dr. John Jackson, Bill Mottern y otros, fue el punto de partida para el Proyecto de Investigación sobre El Sudario de Turín, también conocido como STURP[6], por sus siglas en inglés. Más recientemente, los esposos Ray y Maria Downing pudieron crear una imagen computarizada del rostro de Jesús, basándose en el código 3-D de la imagen del Sudario. Un sofisticado programa gráfico de computadora tomó la imagen, además de otras variables como la etnia y el sexo, y creó una imagen tridimensional del rostro de Jesús. El trabajo de este equipo de esposos se puede encontrar en Internet.

"STURP" es un equipo estadounidense multidisciplinario de investigación que en 1978 llevó a cabo 120 horas de experimentación consecutiva sobre la Sábana Santa. También obtuvieron suficientes muestras para futuros experimentos por ellos o cualquier otro grupo de investigación. En octubre de 1981, después de varios años de análisis, el grupo realizó una conferencia de prensa y presentó la siguiente conclusión:

"Podemos concluir por el momento que la imagen de la Sábana es la de una forma humana real de un hombre azotado y crucificado. No es el producto de un artista. Las manchas de sangre se componen de hemoglobina y también dan un resultado positivo en la prueba de albúmina en suero. La imagen es un misterio continuo y hasta que se realicen más estudios químicos, tal vez por parte de este grupo de científicos, o quizás por otros científicos en el futuro, el problema seguirá sin resolverse".[7]

Después de esta singular declaración, ha habido otras novedades interesantes. Algunas de las investigaciones son más bien tediosas, pero encuentro que otras son muy interesantes. Por ejemplo, yo no sabía que en medicina forense se empleaba la identificación del polen para determinar dónde se encontraba un objeto anteriormente. Un criminólogo suizo, Max Frei, identificó cincuenta y ocho tipos diferentes de granos de polen que estaban atrapados en las fibras de la tela del Sudario. Esos granos de polen provenían de plantas que crecen en los alrededores del Mar Muerto y Negev, en el centro y el oeste de Turquía, en Constantinopla y en Europa Occidental. Los hallazgos de Max Frei fueron confirmados por Avinoam Danin, un profesor de botánica en la Universidad Hebrea de Jerusalén, y por Uri Baruch, especialista en polen que trabaja con Antigüedades de Israel. Ellos reportaron en 1999 que el polen podía provenir únicamente de la flora que crece en un área restringida cerca de Jerusalén.[8]

Aún desde los estudios más tempranos de polen, parecía que la Sábana Santa era auténtica, pero faltaba una información: la fecha. El momento de determinar la edad de la Sábana Santa llegó en 1998, usando C-14 o la datación por carbono, el método científico utilizado para determinar la edad de los objetos. Tres empresas diferentes obtuvieron secciones de la misma muestra del Sudario. El resultado se dio a los medios de comunicación en una conferencia de prensa en octubre de 1988. La fecha aproximada fue de alrededor del año 1325 d.C., lo que obviamente pone en tela de juicio la autenticidad del lienzo.

Por otra parte, ninguno de estos resultados de investigaciones explica cómo se formó la silueta humana. Hasta ahora se puede percibir el laberinto científico en torno a este pedazo de tela. Pero todavía hay más: una publicación científica realizada por Raymond Rogers y revisada por expertos en la revista *Thermochimica Acta* concluyó lo siguiente:

"Por poco probable que parezca, la muestra utilizada para probar la edad del Sudario de Turín en 1988 fue tomada de un área remendada de la Sábana Santa. Los resultados de la pirólisis y espectrometría de masas de la porción escogida, junto con las observaciones microscópicas y micro químicas, demuestran que la muestra de radiocarbono no era parte de la tela original del Sudario de Turín. La fecha de radiocarbono, por lo tanto, no era válida para determinar la verdadera edad de la Sábana Santa".[9]

Es importante señalar la importancia de una publicación revisada por expertos, porque tiene mucho peso. El escrutinio por el que tiene que pasar un experimento para publicación puede ser abrumador. Por lo tanto, la credibilidad se ve reforzada considerablemente cuando los resultados se publican en una revista científica avalada por expertos.

En términos básicos, la muestra seleccionada para la datación por carbono no era parte de la tela original. Lo más probable es que proviniera de uno de los múltiples remiendos que se le han hecho a la Sábana Santa. En otras palabras, se trataba de un error de muestreo; créanlo o no.

La Sábana Santa parece tener manchas de sangre muy antiguas. Científicos de la Universidad de Yale encontraron evidencia de hemoglobina y otros pigmentos de sangre, y un profesor italiano de medicina forense, llamado Pierluigi Baima-Bollone, identificó el tipo AB de sangre humana. Además se analizaron muestras de sangre de la Sábana Santa en el Centro de Ciencias de la Universidad de Texas, donde encontraron pruebas de ADN humano y el cromosoma masculino XY. En otras palabras, las manchas no están pintadas—un cuerpo humano masculino estuvo envuelto en ese lienzo.[10]

Naturalmente, algunas personas todavía creen que la Sábana Santa es simplemente una representación artística del cuerpo sin vida de Jesús. El autor de esta obra maestra permanece en el anonimato; nadie ha reclamado el mérito o la gloria por haber creado tan brillante "falsificación". Asimismo, nadie ha podido identificar la técnica empleada.

¿Qué demuestra la evidencia?

Al principio de esta sección expuse que una parte integral de mi enfoque de las cuestiones complejas es la simplicidad. Mi lógica simple me deja con muchas preguntas:

1. ¿Cuál es la razón de realizar un conjunto tan complejo de técnicas de investigación; solo para dejar a la gente adivinando?

2. A los artistas les gusta que se reconozcan sus obras, especialmente sus obras maestras. ¿Por qué nadie ha reclamado la autoría?

3. Si la Sábana Santa es un fraude que utiliza técnicas medievales de pintura, es poco probable que todas nuestras herramientas científicas modernas del siglo XXI no puedan explicar cómo se hizo. La base lógica de cualquier tipo de fraude es que "se puede reproducir". ¿Por qué no podemos hacer que suceda de nuevo?

Por alguna razón, mientras más estudiamos este asunto, más confuso se vuelve.

No es mi intención argumentar a favor del sudario; solo quiero simplificar un dilema científico complejo. Los dejo con lo que creo que es la postura más segura: la conclusión del STURP:

Podemos concluir por el momento que la imagen de la Sábana es la de una forma humana real de un hombre azotado y crucificado. No es el producto de un artista. Las manchas de sangre se componen de hemoglobina y también dan un resultado positivo en la prueba de albúmina en suero. La imagen es un misterio continuo y hasta que se realicen más estudios químicos, tal vez por parte de este grupo de científicos, o quizás por otros investigadores en el futuro, el problema seguirá sin resolverse.[11]

CAPÍTULO 2

ANTECEDENTES HISTÓRICOS

"Los monarcas, los imperios y las civilizaciones vienen y van, pero las religiones parecen estar para siempre".[1]

Desde la antigüedad, siempre ha habido una necesidad de conquistar y controlar el destino de otros países. Grandes imperios dominaron a naciones más débiles utilizando fuerza militar abrumadora. La propensión a la violencia está muy bien establecida en la historia de la humanidad.

Al principio de la Era Imperial, los griegos hacían que sus colonias aceptaran y practicaran la religión y las tradiciones del Imperio. Esta práctica requería sumisión mediante la intimidación violenta. Según fue progresando la Era Imperial, se preservaron las religiones y algunas tradiciones de las colonias nativas. Para cuando se incorporó Israel al Imperio Romano, se les permitía a las colonias preservar algunas de sus características propias, ejemplos de las cuales son las tradiciones religiosas y algún poder político.

La sucesión de emperadores también trajo diferentes estilos de manejo de las colonias debido a las diferencias individuales entre los emperadores. En otras palabras, algunos emperadores eran más tolerantes que otros. Sin embargo, se puede decir con seguridad que la fuerza bruta e intimidación eran componentes fundamentales de la estrategia para mantener a las colonias bajo control.

Era costumbre en las civilizaciones antiguas ejecutar públicamente a los criminales de una manera atroz, como medio para intimidar y controlar el comportamiento criminal. Ha habido diversos métodos de ejecución a través de la historia de la humanidad. Algunos de los métodos fueron inicialmente una forma de tortura para obtener información, pero la brutalidad era tal que la víctima no sobrevivía. Entre los crueles métodos de tortura y ejecución se encuentran el collar de pinchos, la silla de la bruja, el ataúd, el potro, la doncella de hierro y el toro de bronce. Este último, un método de tortura inventado por los griegos, era excepcionalmente brutal. La víctima se colocaba dentro de la estatua hueca de un toro hecha de metal, debajo se hacía arder un fuego al rojo vivo, y la víctima se cocinaba hasta la muerte. Estaba diseñado de tal manera que los gritos de la víctima se proyectaban como música que salía de la boca del toro.

Pero ninguna otra forma de ejecución en la historia de la humanidad podría coincidir con el grado de brutalidad de la crucifixión—amarrando y clavando a la víctima a una viga de madera, hasta que muriera.

LA CRUCIFIXIÓN

No se ha determinado quién fue el verdadero inventor de este horrendo método de pena capital, pero es bien sabido que los persas lo utilizaron cuando conquistaron Egipto y Cartago (539-526 a. C.). Posteriormente, los griegos, liderados por Alejandro Magno, se apoderaron de las colonias persas. Como las colonias griegas se convirtieron en colonias romanas en el período de 149 a 146 a. C., los romanos estuvieron expuestos a la crucifixión. Habiéndose familiarizado con este método de ejecución en Cartago, ellos luego lo perfeccionaron.

EVENTOS HISTÓRICOS CLAVES[2]

Israelitas en Egipto	400 años
Moisés conduce a Israel a la Tierra Prometida	1250 a. C.
El Rey David	1000 a 961 a. C.
El Rey Salomón construye el templo, Jerusalén	950 a. C.
Los judíos son deportados	597 a 586 a. C.
Los persas conquistan Babilonia y Egipto	539 y 526 a. C.
Alejandro el Grande conquista Egipto	332 a. C.
Alejandro el Grande conquista Persia	121 a. C.
Roma conquista Cartago	149 a 146 a. C.
Los romanos conquistan la Tierra Santa	63 a. C.
Jesús nace en Belén	1 – 6 d. C.
Jesús es crucificado, resucita	30 d. C.

La crucifixión se convirtió en un método estándar de intimidación y castigo contra los enemigos del Imperio Romano y las posibles amenazas para este.

Es importante notar que la crucifixión no se empleaba contra ciudadanos romanos, a menos que fueran acusados de traición. En otras palabras, estaba reservada para los extranjeros y los ciudadanos oprimidos de las colonias.

Las ejecuciones tenían lugar en áreas estratégicas fuera de los límites de la ciudad, siempre en lugares muy visibles. La idea era exponer la víctima ante los transeúntes que entraban y salían de la ciudad. Es importante entender que este método de ejecución fue diseñado para causar dolor y sufrimiento extremo durante un largo período de tiempo. Es de esperar que, como regla general, cuanto más doloroso sea el castigo, más rápido muera la víctima. Pues bien, esta regla no se aplica a la crucifixión como método de ejecución.

Cuando la gente llegaba al lugar de la crucifixión, no era raro ver a varias víctimas crucificadas en diferentes etapas del proceso. Imagínese esta escena: varios cuerpos colgados en diferentes postes, algunos de ellos con varios días de muertos, otros jadeando y luchando por lograr su próximo aliento. Obviamente, la escena sería abrumadoramente atemorizante e intimidante y esto, por supuesto, era el objetivo.

Mediante la crucifixión de Jesús, el Imperio Romano puso este aterrador instrumento de tortura en el centro de atención de la historia. La cruz se convirtió en el símbolo de los seguidores de Jesús.

En el idioma inglés, la palabra *excruciating* se utiliza en medicina para describir un dolor agudísimo e intolerable; por ejemplo, un dolor insoportable en el abdomen. Esta palabra particular dispara una alarma en la mente del médico: una condición potencialmente letal se podría estar desarrollando en el abdomen del paciente. *EXCRUCIATE* es una palabra compuesta que viene del latín y que significa "salido de la cruz".

En nuestra sociedad, la cruz se ha convertido en un símbolo que representa otras situaciones dolorosas. Usted probablemente ha escuchado expresiones como "llevar esta cruz", refiriéndose a una carga emocional o física, o "te voy a crucificar", que es una amenaza obviamente seria. La conclusión es que "la cruz" nunca es neutral; se equipara con dolor intenso, insoportable en todos los niveles, y hasta con la muerte. Tenga esto en mente a medida que exploremos la extrema carga física y mental que soportó Jesús cuando fue crucificado.

LOS HEBREOS BAJO LA DOMINACIÓN ROMANA

En el año 63 antes de Cristo, toda la región de Palestina, incluyendo su ciudad principal, Jerusalén, se convirtió en una colonia romana. Más tarde, en el año 40 a. C., el Senado romano designó a Herodes el Grande como rey de los Judíos. Este se hizo muy famoso como tirano. Tenemos que recordar que fue él quien, después de la época del nacimiento de Jesús, autorizó el asesinato de todos los niños de dos años de edad o menos, con el objetivo de eliminar al potencial Mesías.

Luego de la muerte de Herodes el Grande, el reino se dividió entre sus tres hijos: Arquelao, Herodes Antipas y Filipo. Arquelao fue designado para gobernar Judea y Samaria. Parece que Arquelao heredó la crueldad de su padre. Era un gobernante tan atroz que incluso el Imperio Romano no pudo tolerarlo. Fue destituido de su cargo y Poncio Pilato, prefecto romano, fue nombrado en su lugar para gobernar Judea y Samaria, directamente responsable ante el emperador romano, quien tenía el poder supremo y la última palabra.

El cobro de impuestos era sumamente importante para el Imperio. En efecto, el 35 por ciento de todos los ingresos o transacciones comerciales se aplicaba al pago de impuestos para el Imperio. Esta situación económica se volvió una carga enorme para la colonia y creó una tremenda brecha entre la clase alta y la clase baja.[3]

Una poderosa clase religiosa adquirió prominencia, una clase con una extraordinaria influencia social y política: el Sanedrín y los sacerdotes. Esta clase social religiosa gozaba de especial consideración por parte del Imperio Romano. Se puede afirmar que el Sanedrín y los sacerdotes constituían un grupo aristocrático desconectado de las realidades sociales de la clase baja.

Consecuentemente, la sociedad judía estaba dividida en dos: los ricos y poderosos aristócratas y líderes religiosos por un lado y, por otro, los pobres y paganos sin educación. La discriminación era la norma. Las mujeres se consideraban inferiores. Según el historiador judío, Flavio Josefo, "La mujer, en todos los aspectos, es de menor valía que el hombre".[4] Los niños y los paganos también pertenecían a la clase baja. Los samaritanos, la gente de la parte norte de Israel, eran ignorados para todo fin práctico.

La clase baja estaba esperando un líder revolucionario para cambiar esta realidad injusta. Al mismo tiempo, la clase alta quería un líder militar para deshacerse de Roma y restablecer su dinastía judía independiente (con la esperanza de que se les permitiera mantener los privilegios de los que gozaban). Liberarse de la tiranía de Roma significaba cosas distintas para las dos clases diferentes; pero todos querían ser liberados del poder conquistador.

Esta era la sociedad fragmentada y descontenta en la que nació Jesús.

CAPÍTULO 3

JESUCRISTO—
EL MESÍAS

Pero tú, Belén Efratea, aunque eres pequeña entre las familias de Judá, de ti saldrá el que ha de ser gobernante en Israel. Y sus orígenes son desde tiempos antiguos, desde los días de la eternidad.

Por tanto, Él los abandonará hasta el tiempo en que dé a luz la que ha de dar a luz. Entonces el resto de sus hermanos volverá a los Israelitas.

MIQUEAS 5, 2–3

El Viejo Testamento revela la singular relación entre Dios y el pueblo de Israel. A través de la historia de Israel, el compromiso de Dios con su pueblo es evidente. Su ilimitada paciencia es puesta a prueba una y otra vez. En cada ocasión que su amada nación se ha apartado de la alianza, él ha encontrado maneras de guiarla de nuevo hacia la grandeza. A veces el camino es precedido por tremendos sufrimientos en forma de esclavitud y exilio. En esos momentos de extrema ansiedad, pobreza y tristeza, Israel depositaba su destino de nuevo en las manos de Dios. Esos períodos de total devoción al Señor siempre fueron respondidos o seguidos por el restablecimiento de grandes cosas para la nación. Siempre que Israel seguía la voluntad de Dios, disfrutaba de felicidad, fortaleza y contento. Luego, al cabo de cierto tiempo, Israel se apartaba de Dios una vez más. Pero en su ilimitada paciencia, Dios los apoyaba de nuevo.

A través de los siglos, Dios les confirió un don muy especial a un grupo selecto de individuos: el don de llevar su mensaje divino a su pueblo, Israel. Esos individuos eran los profetas. Parece que los mensajes de los profetas se pueden dividir en tres categorías: advertencias sobre la conducta del momento; castigos, si esa conducta no cesaba y, por último, aunque no menos importantes, profecías de esperanza.

Los mensajes de advertencia se le dieron al pueblo de Dios durante años, incluso durante generaciones, antes de un castigo. Su cautiverio asirio, por ejemplo, se predijo 700 años antes del momento en que ocurrió. Los profetas eran incansables en su afán de recordarle a la gente lo que le podría suceder como consecuencia de sus pecados.

Luego de un período de calamidad, los profetas anunciaban la próxima etapa de grandeza, si la nación por lo menos empezaba a cumplir de nuevo su pacto con Dios. Yo creo que así como el infortunio y las dificultades del pueblo de Israel eran causados por los pecados de la gente e igualmente sus vidas reformadas podían devolverles la paz y la alegría, también nosotros podemos acercarnos a Dios en nuestras dificultades y encontrarlo de nuevo. No obstante, como ellos, tendemos a descuidar la adoración de Dios cuando nos encontramos disfrutando de seguridad y prosperidad.

La venida del Mesías

Para Israel, los profetas siempre prometieron que vendría un líder y que sería tan grande que iba a luchar por ellos y los iba a sacar del cautiverio y de la adversidad para siempre. Así pues, durante mucho tiempo, los Judíos habían estado esperando un líder con un poder sin precedentes, alguien que sería capaz de guiarlos hacia la libertad y la grandeza—un mesías.

Sin embargo, en algún momento de su historia, sus expectativas sobre cómo sería ese mesías se desviaron. Empezaron a definirlo en términos de características, tales como poderío militar y social. Después de todo, los hombres legendarios de su historia, como Moisés o el Rey David, los habían guiado hacia la libertad y la grandeza.

El profeta Miqueas anunció el Mesías más o menos alrededor del año 722 a. C. Fue muy específico en cuanto al lugar de nacimiento del Mesías: Belén. Este pequeño y sencillo pueblo, hogar de la línea Davídica, se conoce actualmente en la historia de Israel y en la historia del mundo entero como el lugar de nacimiento del Mesías. La grandeza sale de la simplicidad.

He aquí las palabras del profeta Isaías sobre el Mesías:

> Porque toda bota que calza el guerrero en el fragor de la
> batalla, y el manto revolcado en sangre, serán para quemar,
> combustible para el fuego.
> Porque un Niño nos ha nacido, un Hijo nos ha sido dado, y la
> soberanía reposará sobre sus hombros.
> Y se llamará Admirable Consejero, Dios Poderoso, Padre Eterno,
> Príncipe de Paz.
> El aumento de su soberanía y de la paz no tendrá fin, sobre el
> trono de David y sobre su reino, para afianzarlo y sostenerlo
> con el derecho y la justicia desde entonces y para siempre.
> El celo del Señor de los ejércitos hará esto. (Isaías 9, 5–7)

El profeta Isaías nos da más información sobre las características de este Mesías. En su profecía, encontramos una afirmación muy fuerte contra la violencia: "…toda bota que calza el guerrero en el fragor de la batalla, y el manto revolcado en sangre, serán para quemar, combustible para el fuego".

También nos muestra tres importantes pilares del reino de Dios: paz, justicia y virtud. Estos tres elementos darán apoyo al reino eterno del Mesías.

Siempre me sorprende ver cómo las antiguas profecías reaparecen en el Nuevo Testamento—incluyendo el nacimiento de Jesús en Belén, su ministerio, sus enseñanzas, el método de su muerte, y hasta su resurrección. Su ministerio de tres años se caracterizó por actos de compasión y de prédicas sobre la paz, la justicia y la virtud.

Cuando yo era estudiante, siempre me gustaba usar analogías para recordar informaciones importantes. No hay duda de que el concepto de la Trinidad es sobrecogedor, hasta para el teólogo más experto. La coexistencia de tres seres divinos en un Dios sobrepasa mi entendimiento. Pero sé que el día en que yo sienta que puedo entender todo lo relacionado con Dios, ya él no sería Dios.

Aunque he aceptado que nunca podré entender todo sobre Dios, siento mucha curiosidad acerca de él. Quiero investigar todo lo concerniente a él y disfrutar el proceso. A veces mis experiencias cotidianas me dan nuevas intuiciones. He aquí un ejemplo de algo que me sucedió durante una cirugía: La sala quirúrgica es un ambiente singular en el que una mezcla interesante de personalidades se unen para atender a un paciente. Durante una operación, el anestesiólogo es un elemento clave que se asegura de que el paciente no sienta ningún dolor mientras se realiza la cirugía. He encontrado que uno de los anestesiólogos de cirugía cardíaca en la institución donde trabajo tiene la capacidad de simplificar realmente los conceptos. Una vez, durante un procedimiento de corazón abierto, sostuvimos una conversación sobre religión; en el mismo quirófano. Uno de los miembros del equipo estaba muy confundido con respecto a Jesús. Este anestesiólogo en particular nos proporcionó la definición más sencilla de Jesús que yo haya oído: "Él es una fotocopia de Dios, enviada por fax a la Tierra".

Quise compartir esta experiencia con mis lectores, porque me emocionó tanto esta ingeniosa definición. ¡Qué grandiosa y práctica manera de describir a Jesús y su relación con el Padre!

Y este Jesús es el Mesías, el Salvador, el enviado del Padre para guiar hacia Dios a todo el que le siga:

> ...Corramos con perseverancia la carrera que tenemos por delante, puestos los ojos en Jesús, el autor y consumador de la fe, quien por el gozo puesto delante de Él soportó la cruz, despreciando la vergüenza, y se ha sentado a la diestra del trono de Dios.
>
> Hebreos 12, 1–2

Jesús, el Hombre

Puede que usted no lo advierta, pero cuando usted va donde el médico, el examen físico comienza mucho antes de que él o ella le ponga el estetoscopio en el pecho. Comienza antes de que haya contacto físico. Puede ser que empiece con el saludo y cómo usted lo responda. Eso se llama observación. Hay una entrevista en la que usted contesta preguntas sobre su historia médico- familiar, problemas médicos anteriores, o problemas quirúrgicos que usted pudo haber padecido en el pasado. Esta entrevista debe remontarse a la atención médica prenatal y durante la infancia. El proceso de la entrevista médica más el examen físico genera un documento llamado historia clínica. El extenso currículo de la escuela de medicina incluye asignaturas y entrenamiento que permite a los médicos utilizar sus sentidos en el momento de examinar a un paciente.

En el examen de Jesús como ser humano, he aplicado mi formación médica y quirúrgica para evaluar su salud previa a su crucifixión. Existe un par de fuentes que pueden proveer informaciones pertinentes con respecto a su condición física y psicológica antes de su arresto y crucifixión.

Podemos empezar con el período prenatal. No hay evidencia en la historia que presenta la Biblia de que María portara alguna condición hereditaria, maligna, que pudiera ser transmitida a Jesús. Al parecer, ella estaba en buen estado de salud (tanto física como psicológica) antes del embarazo. El ángel que le anunció que ella iba a ser la madre del Mesías simplemente le dijo que ella había sido escogida para este rol sin precedentes:

> El ángel le dijo: "No temas, María, porque has hallado gracia delante de Dios. Concebirás en tu seno y darás a luz un Hijo, y le pondrás por nombre Jesús. Este será grande y será llamado Hijo del Altísimo, y el Señor Dios le dará el trono de Su padre David".

LUCAS 1, 30–32

María quedó embarazada por la gracia del Espíritu Santo. No tuvo problemas de salud durante el embarazo. En otras palabras, el período prenatal parece haber sido normal. A los nueve meses dio a luz al niño Jesús, en Belén.

LA ESTRELLA DE BELÉN Y LA FECHA DEL NACIMIENTO DE JESÚS

Después de nacer Jesús en Belén de Judea, en tiempos del

rey Herodes, unos sabios del oriente llegaron a Jerusalén, preguntando: "¿Dónde está el Rey de los Judíos que ha nacido? Porque vimos su estrella en el oriente y lo hemos venido a adorar".

Mateo 2, 1–2

¡La Navidad es una época tan especial del año! Las familias se esfuerzan para que la casa esté lista para la temporada. Una de las decoraciones más espectaculares es la estrella brillante en la parte superior del árbol de Navidad. Algunas personas creen que la "estrella de Belén" es solo un símbolo para dar más brillo a la ocasión. Se olvidan de que, históricamente, los nacimientos de la realeza y otros eventos siempre se han asociado con fenómenos astronómicos, especialmente estrellas. Por supuesto, la mayoría de los cristianos tradicionales simplemente aceptan que Dios colocó una gran estrella en el cielo de Belén cuando nació Jesús, simplemente porque él es Dios y él puede hacerlo si así lo desea.

No hace mucho tuve el placer de ver el documental *La Estrella de Belén*, de Frederick Larson. Es una obra maestra. El productor ha sido capaz de explicar el misterio de la estrella de Belén con informaciones astronómicas muy sólidas. Larson estimuló mi interés en este aspecto del nacimiento de Jesús como un evento astronómico histórico. Tengo que reconocer que yo no tenía idea de que la astronomía fuera una ciencia tan confiable y exacta, basada en cálculos matemáticos tan precisos que pueden no tan solo predecir la posición de los planetas y las estrellas en el futuro, sino que igualmente pueden detectar actividades astronómicas en cualquier momento particular de la historia de la humanidad.

La búsqueda de la estrella mencionada en Mateo no es nada nuevo. Johannes Kepler (1571-1630), uno de los más grandes matemáticos de todos los tiempos, descubrió que los planetas viajan en órbitas elípticas y fue entonces capaz de predecir los movimientos planetarios. Kepler estableció las leyes del movimiento planetario que utilizan hoy en día los astrónomos modernos y agencias espaciales como la NASA. Este gran científico también era cristiano y trató de encontrar la estrella de Mateo. Desafortunadamente, no fue capaz de encontrar la estrella porque exploró en un intervalo de tiempo erróneo. Despistado por las fechas equivocadas proporcionadas por errores de copia de manuscritos históricos de Flavio Josefo, utilizó el año 6 a. C. en lugar del año 2 o 3 antes de Cristo, como se ha hecho recientemente.

Huelga decir que, históricamente, la gente ha utilizado una gran cantidad de papel y tinta con el fin de calcular manualmente el mapa del cielo en cualquier momento dado. Hoy en día, estos cálculos se pueden hacer con mucha facilidad, usando softwares. Los softwares modernos pueden producir un mapa del cielo en una fecha determinada (pasada, presente o futura) al igual que una imagen del cielo en esa fecha, como se vería desde una ubicación específica.

Utilizando el software "Starry Night", podemos mirar el cielo sobre Belén entre los años 3 y 2 a. C. Veamos lo que les llamó la atención a los Reyes Magos.

La estrella de Belén fue la conjunción entre Júpiter y la estrella Régulus. Este es un mapa del cielo de Belén el 3 de septiembre A. C., como lo muestra el software de astronomía Starry Night.

Así que la estrella descrita por Mateo es real, después de todo; la misteriosa estrella es el planeta Júpiter, visto en conjunción con la estrella Régulus. Al parecer, se produjo una conjunción muy dinámica entre estos dos cuerpos celestes y llamó la atención de los antiguos astrónomos llamados los Reyes Magos. En otras palabras, la historia descrita por Mateo tiene una sólida explicación astronómica. Dios usó su propia creación para escribir en el cielo la historia más importante del mundo.

Es difícil determinar la fecha del nacimiento de Jesús. Como se mencionó anteriormente, errores de copia del manuscrito de Josefo sitúan la muerte de Herodes en el año 4 a. C. Según el relato bíblico, Jesús nació durante el reinado de Herodes y se puede inferir que fue más o menos dos años antes de la muerte de Herodes, que sería alrededor del año 6 a. C. Sin embargo, investigaciones recientes descubrieron los errores de copia; ahora parece ser que la muerte de Herodes se produjo en el año 1 antes de Cristo. Sobre la base de esta fecha revisada, podemos suponer indirectamente que Jesús nació en algún momento entre los años 3 y 2 a. C. En el período de dos años entre 3 y 1 a. C., sucedieron varios eventos bíblicos históricos—la visita de los Reyes Magos siguiendo la estrella de Belén y también el horripilante asesinato de los infantes varones de dos años y menos de edad, ordenado por Herodes. Estas evidencias indirectas son, no obstante, lógicas; los cálculos astronómicos parecen comprobarlas.[1]

Para ilustrar la complejidad de este tema, he incluido dos tablas compiladas por diversos autores. Cada una proporciona un calendario distinto con respecto a la fecha de nacimiento de Jesús.

CRONOLOGÍA DE LA NATIVIDAD POR COLIN HUMPHREYS[2]

Fecha	Evento
5 a. C.	Nacimiento de Jesús en Belén
9 de marzo – 4 de mayo	Visita de los pastores
16 de marzo – 11 de mayo	Circuncisión
18 de abril – 13 de junio	Presentación en el templo en Jerusalén y regreso a Belén
20 de abril – 15 de junio	Visita de los Reyes Magos
Finales de abril – mediados de junio	Huida a Egipto
4 a. C.	
Finales de marzo	Muerte de Herodes

CRONOLOGÍA DE LA NATIVIDAD, PUBLICADA POR DAVID HUGHES[3]

9 – 6 a. C.	Saturnius, gobernador de Siria
	Quirinius, legado del emperador
8 a. C.	César Augusto decreta que todos deben pagar impuestos
7 – 5 a. C.	Fecha bíblica del nacimiento de Jesús
6 – 5 a. C.	Sacrificio de los inocentes
4 a. C.	
13 de marzo	Eclipse lunar
13 de marzo – 11 de abril	Muerte de Herodes
11 de abril	Inicio de Pascua
3 a. C.	
18 de noviembre	Natividad según Clemente
2 a. C.	
6 de enero	Natividad según Epifanius
1 d. C.	
25 de diciembre	Natividad según Dionisio el Exiguo

LA INFANCIA DE JESÚS

No hay demasiada información sobre la infancia de Jesús. Está documentado que pasó parte de su infancia en Egipto, donde sus padres lo llevaron por razones de seguridad. (El ángel de Dios instruyó a José que se llevara al niño a Egipto para evitar cualquier peligro potencial del rey Herodes, quien había ordenado la ejecución de todos los niños varones menores de dos años, con la esperanza de eliminar al joven Mesías.)

Una vez que el peligro había pasado, la familia regresó a la ciudad de Nazaret, en Galilea, donde vivieron durante los años restantes de la infancia de Jesús. Lucas da un breve, pero específico, resumen de la infancia de Jesús:

> Habiendo ellos cumplido con todo, conforme a la Ley del Señor, se volvieron a Galilea, a su ciudad de Nazaret. Y el Niño crecía y se fortalecía, llenándose de sabiduría; y la gracia de Dios estaba sobre Él.
>
> LUCAS 2, 39–40

Cuando Jesús alcanzó la edad de doce años, él y sus padres viajaron a Jerusalén, como era costumbre, para la fiesta de la Pascua, tras lo cual Jesús se quedó en Jerusalén, sin que sus padres lo notaran. Una vez que se dieron cuenta (después de tres días), regresaron a Jerusalén, donde lo encontraron en el templo, en medio de una conversación muy animada sobre la Escritura. Su alto nivel de conocimiento en esa temprana edad les resultó muy desconcertante a los estudiosos con quienes estaba hablando. Imaginen: un niño de doce años quedándose atrás, cuando sus padres se fueron con su grupo. Estaba solo, en la gran ciudad de Jerusalén. ¿Fue esto algo así como un "momento adolescente"? Cuando sus preocupados padres finalmente lo encontraron, ¿dónde estaba? ¿Buscando un poco de diversión adolescente con otras personas de su misma edad? No, no lo encontraron jugando con otros adolescentes; estaba conversando con los hombres sabios de Dios en la casa de su Padre celestial, el templo.

Este episodio del niño Jesús en el templo es la escena más completa, documentada sobre la post-infancia de Jesús. La apreciación del evangelista Lucas en este aspecto es un testimonio histórico de que Jesús creció como un niño normal. Parece que durante los años restantes de su adolescencia, así como a lo largo de su segunda década, permaneció "bajo el radar", manteniendo un perfil bajo y viviendo la vida ordinaria del hijo de un carpintero, ayudando a su padre, José, con su trabajo.

El escueto relato bíblico ha provocado una gran cantidad de especulaciones en torno a los años "perdidos". La gente ha dicho que probablemente viajó a diferentes partes del mundo y asimiló otras tradiciones culturales, filosóficas y religiosas. Algunos han supuesto que durante ese período, de alguna manera se familiarizó con el yoga y otras formas de control de la mente y el cuerpo. Otros han planteado la hipótesis de que él se convirtió en un ilusionista extraordinario porque viajó a la India, donde aprendió todos tipos de trucos.

Estoy de acuerdo con que Jesús realizó hazañas increíbles, pero la especulación no es una buena manera de explicar lo que no podemos entender. La conclusión es que no existe documentación alguna de viajes a lugares exóticos y misteriosos durante esos años. Podemos suponer con seguridad solamente que durante ese tiempo Jesús creció fuerte, física y mentalmente, como dice Lucas. Según la costumbre de su país, aprendió el oficio de José, su padre humano, convirtiéndose en un carpintero. (Lo más probable es que en aquellos días un "carpintero" fuera más como lo que ahora llamamos un manitas o factótum. Este supuesto se basa en el tipo de construcciones simples de esa época y de esa región.)

En lo concerniente a la adolescencia de Jesús, tengo mi propia curiosidad. Mi mayor pregunta es la siguiente: ¿Cuando se dio cuenta de que él era el Hijo de Dios? Al observar el episodio del joven Jesús en el templo, creo que se podría concluir que por lo menos a los doce años ya él lo sabía. Veamos de nuevo ese episodio y leamos un poco entre líneas:

> Cuando sus padres lo vieron, se quedaron maravillados; y su madre le dijo: "Hijo, ¿por qué nos has tratado de esta manera? Mira, tu padre y yo te hemos buscado, llenos de angustia".
>
> Entonces Él les dijo: "¿Por qué me buscaban? ¿Acaso no sabían que me era necesario estar en la casa de mi Padre?" Pero ellos no entendieron tales palabras.
>
> Descendió con sus padres y vino a Nazaret, y continuó sujeto a ellos. Y su madre atesoraba todas estas cosas en su corazón. Y Jesús crecía en sabiduría, en estatura y en gracia hacia Dios y los hombres.
>
> LUCAS 2, 48-52

Podemos ver en la respuesta que dio a sus padres una especie de recordatorio amable para ellos de su naturaleza divina. La fe cristiana nos enseña que Jesús es Dios y que él comparte nuestra naturaleza humana. Por mi entrenamiento mental como médico, no puedo dejar de pensar en tal maravilla, y que en algún momento dado, Dios era un niño adolescente. Esto es algo preocupante, ¿no es así? Tratar con un hijo adolescente puede ser un reto, como sabe cualquiera que haya criado a uno. Tengo curiosidad sobre cómo sus compañeros de juego percibían a Jesús. ¿Era un niño modelo y un buen ejemplo para los demás, o no se distinguía de ellos? ¿Hubo en algún momento algún conflicto entre la naturaleza divina y la de un adolescente? ¿Cómo le hizo frente a eso?

Recuerde que la adolescencia implica un cierto grado de rebeldía, que es parte de esa etapa del desarrollo humano. Él era un ser humano y también era Dios. Podemos suponer con cierto grado de seguridad que él era un adolescente normal, sin importar lo que eso significara en la Nazaret del siglo I; aunque no estoy seguro de que en este caso se pueda aplicar el concepto de "normal".

Luego, a los treinta años de edad, Jesús surgió como un joven líder enigmático y carismático, cuya presencia causó una tremenda conmoción en la sociedad judía y posteriormente en el Imperio Romano.

JESÚS: LENGUAJE Y EDUCACIÓN

He encontrado que la investigación sobre Jesús es una empresa muy dinámica, porque hay muchos puntos de vista diferentes relacionados a todos los aspectos de su vida. Incluso un tema trivial, como la lengua o lenguas que hablaba ha sido objeto de debate. Y se complica más cuando se investiga si sabía o no leer y escribir. Como mencioné anteriormente, considero que un perfil médico de Jesús previo a la crucifixión es un componente intrínseco de este proyecto. Parte de la evaluación clínica incluye el nivel de educación, así como lo que el paciente (la víctima, en este caso) hacía para ganarse la vida. Pensé que descubrir qué idioma o idiomas hablaba, su nivel de educación, y si sabía o no leer sería una tarea fácil. Sin embargo, los estudiosos no lo han hecho fácil en absoluto.

Para simplificar este tema, yo tenía que explorar los hechos históricos y sociales de la época de Jesús. Como se ha establecido históricamente, Judea era una colonia romana en ese tiempo. Durante el primer siglo y en esa región en particular, el arameo era la lengua predominante.[4] La región parece haber sido un crisol de culturas. Sabemos, por ejemplo, que el hebreo y el griego también se hablaban extensamente.[5] (Recuerde que las colonias griegas se convirtieron en colonias romanas.) Es útil considerar el griego como el equivalente del inglés hoy en día. En otras palabras, el griego era la lengua franca—la lengua empleada en la diplomacia, los negocios y las reuniones científicas donde los participantes pertenecían a países con diferentes idiomas.

Hay evidencia clara en la Biblia que indica que el arameo era el idioma principal de Jesús. Pero debemos mantener la mente abierta a la posibilidad de que Jesús fuera multilingüe. La razón de esa posibilidad se basa en el crisol cultural que se mencionó anteriormente. Los jóvenes judíos crecían con suficiente exposición a tres idiomas para dominarlos. También es importante entender que el arameo y el hebreo están relativamente muy relacionados. Una comparación del español con el portugués nos puede ayudar a entender la relación entre las lenguas. (De hecho, no me di cuenta de cuán similares eran el español y el portugués hasta que llegué a los Estados Unidos en 1990 y se me pidió que ayudara a un paciente brasileño con una traducción en el hospital. Inicialmente no estaba entusiasmado con la idea porque pensé que los dos idiomas eran demasiado diferentes. Fue una grata sorpresa descubrir que podíamos comunicarnos muy bien. Yo nunca había estado expuesto al portugués. ¡Imagine cuánto mejor habría sido si yo hubiera practicado ese idioma con regularidad!)

Todo este asunto de los idiomas se vuelve más complejo cuando tratamos de averiguar dónde encaja el latín en estas posibilidades. Durante mucho tiempo me he preguntado qué idioma se habrá utilizado en el juicio más importante de la historia humana: Jesús enfrentado al prefecto romano, Pilato. Si se utilizó el latín, entonces Jesús hablaba algo de latín, o tenían un traductor que no se ha mencionado en ninguna parte. Es mi creencia que el griego, el idioma principal o del comercio, se utilizó en esa audiencia histórica. Puedo estar equivocado en mi suposición, pero no parece probable que el hebreo o el arameo fuera empleado en ese juicio en particular.

Entonces, en términos de alfabetización, ¿sabía Jesús leer y escribir? Esta pregunta específica ha sido también objeto de debate sustancial; los académicos tienen un enredo en este caso. Las opiniones varían desde un absoluto "no" a un absoluto "sí". Debo añadir que de algún modo la gama entre el "no" y el "sí" es también amplia.

Considero que la respuesta a esa pregunta se puede encontrar entendiendo algunas de las tradiciones sociales, culturales y religiosas de Judea. Como muy bien lo expresa D. G. Dunn en su libro, *Jesus Remem-*

bered, el judaísmo tradicional enfatizaba enormemente el estudio de la Torá.[6] Es decir, el sistema religioso judío alentaba a esa colonia romana en particular a aprender a leer. En el contexto histórico en el que Jesús creció, y basado en el ambiente sociocultural y religioso de la época, es bastante posible que Jesús supiera leer y escribir.[7] Para ayudar a resolver este interminable tema en particular ¿por qué no simplemente confiar en las palabras de la Biblia?

Jesús llegó a Nazaret, donde había sido criado, y según su costumbre, entró en la sinagoga el día de reposo, y *se levantó a leer*. Le dieron el libro del profeta Isaías, y abriéndolo, halló el lugar donde estaba escrito:

El Espíritu del Señor está sobre mí,

porque me ha ungido para anunciar el evangelio a los pobres.

Me ha enviado para proclamar libertad a los cautivos

y la recuperación de la vista a los ciegos;

para poner en libertad a los oprimidos;

para proclamar el año favorable del Señor.

Cerrando el libro, lo devolvió al asistente y se sentó; y los ojos de todos en la sinagoga estaban fijos en Él. Y comenzó a decirles: "Hoy se ha cumplido esta Escritura que han oído".

Lucas 4, 16-21

Es evidente en este fragmento, que podía leer. De hecho, está clarísimo. Sin embargo, algunos investigadores pueden hacer de cualquier tema algo muy complejo. Algunas personas se ganan la vida a través de las controversias. Una vez más, simplifiquemos: los judíos tradicionalmente persiguen un alto nivel de educación, y esto no es nuevo. Esta tradición de altos estándares en la educación está bien documentada por el historiador judío Flavio Josefo en su libro *Contra Apión*, en el que describe el compromiso de los judíos con la educación:

"Nuestra mayor preocupación es educar bien a nuestros hijos; y creemos que lo más necesario de toda nuestra vida es observar las leyes que nos han sido dadas, y cumplir con las normas de piedad que nos han sido enseñadas".[8]

"... También nos manda que criemos a nuestros hijos en el aprendizaje y que los ejercitemos en las leyes y los familiaricemos con los actos de sus predecesores".[9]

Parece obvio que no necesitamos saber a qué escuela pública asistió Jesús para estar de acuerdo en que sabía leer. Además, como muy bien lo ha descrito Dunn, el énfasis educativo del judaísmo probablemente redujo la tasa de analfabetismo de los hebreos en comparación con la de otras colonias romanas. Creo que, basado en el tiempo y la cultura en la que vivía, lo más probable es que Jesús fuera multilingüe y supiera leer y escribir.

EL MINISTERIO DE JESÚS

Vivimos en una era tecnológica. Las noticias vuelan; de hecho, nos bombardean constantemente con noticias mundiales. No podemos escaparnos de los medios de comunicación. El Internet y la televisión vía satélite han estrechado las distancias entre los países, creando una nación virtual. Cualquier personaje notorio tiene la capacidad de llegar al público de muchas maneras diferentes, y también sabe cómo lograr la interacción virtual con sus seguidores. Hoy en día, es poco probable que un líder prestigioso no use las herramientas modernas de comunicación para llegar al público.

Ahora bien, imagine un tiempo remoto, sin teléfonos. Piense en lo trabajoso que era enviar comunicaciones a otros lugares y convertirse en una figura pública. Para trasladarse a grandes distancias se necesitaban animales como camellos y caballos. Era muy difícil transmitir mensajes y llegar a una cantidad importante de personas.

Jesús empezó su ministerio cuando tenía alrededor de treinta años de edad, pero sus actividades no fueron cubiertas por los programas de noticias. Al parecer, el punto de inicio se produjo en una boda en el pequeño pueblo de Caná, donde él realizó su primer milagro documentado (véase

Juan 2, 1–11). En la boda, él transformó jarras de agua en vino cuando al anfitrión se le había acabado la bebida. Me parece interesante que él se encargara de algo así. Este episodio refleja cuánto le importaban sus amigos. (No subestimemos la importancia del vino en una boda. Era tan importante entonces como lo es ahora. Si usted alguna vez ha organizado una boda, sabe exactamente lo que quiero decir.) Después de esta boda, una cosa condujo a la otra y de repente él se encontró en medio de su ministerio. Pasó de ser el hijo de José el carpintero a una sorprendente figura pública.

El tejido social de Israel estaba seriamente desgastado. Como mencioné anteriormente, la discriminación era la regla. De alguna manera, los líderes político-religiosos encontraron apoyo en las Escrituras para su sistema injusto y discriminatorio. La idea de que todos los hombres eran iguales a los ojos de Dios había sido enterrada mucho antes. Se opinaba que la gracia de Dios pertenecía o favorecería a un solo grupo social: los hombres ricos y educados.

Lo que Jesús predicaba era diametralmente opuesto a la predicación tradicional. En su ministerio de tres años, se centró en demostrar que como Dios creó a los seres humanos a su imagen, todos somos sus hijos, y que la discriminación no era aceptable. Fue obvio desde el principio que la postura de Jesús contra el régimen establecido lo colocó en una trayectoria de colisión con las autoridades, quienes se sintieron ofendidas y amenazadas por él.

De alguna manera, incluso sin un medio de comunicación de masas, Jesús llegó a un gran número de personas. ¿Podemos analizar algunas de las estrategias que utilizó para aumentar su alcance en la población? Una estrategia clave fue el reclutamiento de los discípulos, un método que se utilizaba comúnmente en la antigüedad. Estos abandonaban sus puestos de trabajo y sus familias para seguir a un maestro; recibían entrenamiento 24 horas al día, siete días a la semana; y seguir a su líder se convertía en un estilo de vida.

Jesús escogió a doce hombres corrientes como sus seguidores. Era como un monasterio móvil. Sus vidas diarias eran una combinación de enseñanzas, meditación y observación a Jesús interactuando con personas que no eran sus discípulos. El grupo interno de Jesús incluyó una amplia variedad de hombres de diferentes orígenes, que iban desde pescadores hasta un recaudador de impuestos. El Maestro se aseguró de que una muestra representativa de la sociedad estuviera representada en su círculo íntimo. Como sabemos bien, incluso hoy en día, los cobradores de impuestos no eran muy populares; sin embargo, Mateo dejó sus funciones de recaudación de impuestos para seguir a Jesús. Creo que al abarcar tal variedad de personas, Jesús envió un mensaje importante: "Dios quiere incluir a todos en su reino".

Este intenso método de enseñanza le permitió a Jesús, en un corto período de tiempo, educar y transferir a sus discípulos la mayor cantidad de información en un período relativamente corto. Después, los discípulos fueron capaces de ir a muchos lugares diferentes, compartiendo las Buenas Nuevas donde quiera que iban. Este fue un modo muy eficaz para Jesús aumentar su alcance.

Las disertaciones públicas de Jesús en lugares estratégicos le proporcionaron una mayor exposición al público. Cuando hablaba, Jesús les enseñaba a las multitudes sobre el verdadero significado de las Sagradas Escrituras. Explicaba toda la gama de temas en un lenguaje muy simple, comprensible para todos los ciudadanos, independientemente de su nivel educativo. Había algo diferente en este joven rabino; explicaba las Escrituras con una autoridad única y enseñaba sobre el verdadero significado de la vida. ¡Era casi como si él fuera el autor!

Jesús aprovechó también los pequeños círculos de gente. Cuando se reunía un grupo, los que estaban cerca se acercaban para averiguar lo que pasaba. La curiosidad llevaba más y más personas a escucharle. Mientras tanto, este nuevo líder estaba, además, combinando sus acciones con sus palabras: su vida y su liderazgo eran ejemplares.

Todo esto nos da una idea del impacto que tuvo Jesús en sus seguidores. Pero todavía no hemos tratado uno de los poderes más increíbles de Jesús: los milagros. Supongo que los milagros tienen significados diferentes para las distintas personas. Pero aquí no hablamos de un evento extraordinario que se puede explicar mediante el análisis cuidadoso de las leyes naturales. Nos referimos a eventos que no pueden ser explicados con un análisis riguroso de las leyes naturales. Jesús hizo muchos milagros que desafiaron las explicaciones racionales. No solamente transformó el agua en vino en una boda y multiplicó unas cuantas hogazas de pan para alimentar a una enorme muchedumbre, sino que también caminó sobre el agua, curó todo tipo de enfermedades y resucitó muertos.

Él siempre asoció cada milagro a un mensaje determinado. Por ejemplo, "Yo soy el pan de la vida" fue aunado a la multiplicación de los panes. No realizaba milagros simplemente para responder al reto de un incrédulo; la fe era parte integral de la escena del milagro. Es fácil imaginar el tremendo impacto en un pueblo cuando un ciego bien conocido recuperó la visión, o un mudo de repente alababa verbalmente al Señor.

Analizando su ministerio, me he preguntado qué habría sucedido si él no hubiese obrado algún milagro. ¿Qué tipo de impacto habría tenido en su sociedad? ¿Qué efecto habría tenido en nosotros, ciudadanos de este siglo?

Independientemente de los milagros, de una cosa sí estoy seguro: que ya él había adquirido una posición única en la historia, como líder moral y religioso. Los milagros lo lanzaron a un nivel diferente—un nivel al que solo él pertenece—su propia categoría. En un corto pero intenso ministerio de tres años, el nombre de Jesús se hizo muy conocido, a pesar de las limitaciones de transporte y la inexistencia de Internet o televisión. ¡Judea estaba que ardía!

Territorio cubierto por Jesús
en su ministerio.

LA PERSONALIDAD DE JESÚS

La mayoría de las definiciones de personalidad se refieren a cualidades que hacen a un ser humano único. El *Stedman's Medical Dictionary* define *personalidad* como la "totalidad de cualidades y rasgos, de carácter o conducta, peculiares de una persona específica".[10]

Naturalmente, es algo difícil describir con precisión la personalidad de una figura histórica, ya que el análisis se debe basar en la interpretación de documentos escritos. En la vida real, la interacción de persona a persona es la clave para tener una percepción válida de las personalidades. Además, algunos rasgos de la personalidad son percibidos de manera distinta por cada persona. Con respecto a Jesús, solo contamos con relatos escritos sobre su existencia en la Tierra. Me ha parecido muy interesante profundizar más acerca de su personalidad mediante el análisis de ciertos episodios de su vida. De hecho, algunos resultan ser muy educativos desde el punto de vista psicológico.

El mejor recurso para aprender acerca de la personalidad de Jesús es la Biblia, más concretamente los Evangelios. Por ejemplo, en Mateo 6, algunos de los rasgos de la personalidad de Jesús se manifiestan a través de sus recomendaciones sobre la manera de orar:

> Pero tú, cuando ores, entra en tu aposento, y cuando hayas cerrado la puerta, ora a tu Padre que está en secreto, y tu Padre, que ve en lo secreto, te recompensará. Y al orar, no usen ustedes repeticiones sin sentido, como los Gentiles, porque ellos se imaginan que serán oídos por su palabrería. (Mateo 6, 6-7)

Jesús recomienda orar en secreto, en un lugar tranquilo, y no usar demasiadas palabras. Esta recomendación particular revela una persona que aprecia momentos de tranquilidad, así como las interacciones privadas con el Padre. También refleja su preferencia por el uso del lenguaje de manera eficiente. Él no ve ninguna razón para utilizar un centenar de palabras si se puede decir lo mismo con veinticinco. Al parecer, estamos en presencia de un hombre sencillo, íntimo y directo. Aunque el compromiso de Jesús con su misión hizo de él una figura pública, es obvio que, a pesar de su estatus, la privacidad era muy importante para él. Encontramos varios pasajes en la Biblia que hablan de momentos en los que se retiró para orar y meditar en silencio, a solas.

Me parece que Jesús es muy coherente en la simplicidad de expresión. Según el modo de orar de Jesús como se documenta en la Biblia, es fácil llegar a la conclusión de que no es necesario utilizar palabras ingeniosas cuando hablamos con nuestro Padre. De hecho, si uno examina los discursos de Jesús, como el Sermón de la Montaña en Mateo 5, verá que el lenguaje empleado no es complejo. Su mensaje es bastante simple para que todo el mundo entienda. Su estilo sencillo debería ser un ejemplo para algunos líderes de hoy en día, cuando tratan de impresionar al público con un vocabulario muy sofisticado.

La simplicidad no es solo un elemento clave de sus oraciones y enseñanzas, sino que la sencillez en el uso del lenguaje también se puede ver en las apariciones místicas de Dios en el Antiguo Testamento. Fíjese en la interacción de Dios con Moisés y note la claridad de su vocabulario:

No te acerques aquí. Quítate las sandalias de los pies, porque el lugar donde estás parado es tierra santa. Y añadió: "Yo soy el Dios de tu padre, el Dios de Abraham, el Dios de Isaac y el Dios de Jacob". Entonces Moisés se cubrió el rostro, porque tenía temor de mirar a Dios. (Éxodo 3, 5-6)

Parece que la sencillez en la expresión es un denominador común entre el Padre y el Hijo. Nosotros mismos ciertamente no necesitamos impresionar a Dios con expresiones rebuscadas o demasiadas palabras. Al fin y al cabo, él sabe lo que vamos a decir antes de que pronunciemos una palabra.

Otro episodio en la Biblia que no solo refleja la personalidad de Jesús, sino también su propio conocimiento de la psicología humana, es la historia de la mujer que había sido sorprendida en adulterio. Voy a incluir toda la historia con el fin de que podamos apreciar plenamente la demostración de autocontrol de Jesús frente a una trampa obvia:

Los escribas y los Fariseos trajeron a una mujer sorprendida en adulterio, y poniéndola en medio, dijeron a Jesús: "Maestro, esta mujer ha sido sorprendida en el acto mismo del adulterio. Y en la Ley, Moisés nos ordenó apedrear a esta clase de mujeres. ¿Tú, pues, qué dices?" Decían esto, poniendo a prueba a Jesús, para tener de qué acusarlo.

No obstante, Jesús se inclinó y con el dedo escribía en la tierra. Pero como insistían en preguntar, Jesús se enderezó y les dijo: "El que de ustedes esté libre de pecado, sea el primero en tirarle una piedra".

E inclinándose de nuevo, escribía en la tierra. Al oír ellos esto, se fueron retirando uno a uno comenzando por los de mayor edad, y dejaron solo a Jesús y a la mujer que estaba en medio. Enderezándose Jesús, le dijo: "Mujer, ¿dónde están ellos? ¿Ninguno te ha condenado?"

"Ninguno, Señor", respondió ella. Entonces Jesús le dijo: "Yo tampoco te condeno. Vete; y desde ahora no peques más".

JUAN 8, 3-11

Imaginen un hombre alto y sereno rodeado por un grupo de individuos agresivos. Le tendieron una trampa haciéndole una pregunta específica sobre el adulterio. Jesús se tomó su tiempo, agachándose y empezando a escribir algo en el suelo. Tal vez hacía eso para ganar tiempo, para idear una estrategia, para elegir las palabras adecuadas. A continuación, el enigmático Jesús se levantó lentamente y pronunció una declaración clásica de neutralización: "El que de ustedes esté sin pecado, sea el primero en tirarle una piedra".

En este episodio, Jesús demostró un autocontrol supremo. La situación podría haberse tornado sumamente peligrosa. La multitud parecía estar lista para apedrear a la mujer y no se habría necesitado mucho para que se descontrolara. Jesús tuvo un perfecto dominio de toda la escena y un conocimiento profundo de la psicología de masas.

Lapidar a una mujer sorprendida en adulterio era justificable según la Ley de Moisés, y los hombres estaban irritables y sumamente frustrados por su falta de poder bajo el gobierno romano. La actuación calmada de Jesús en esta escena fue de suma importancia para evitar que escalara la ira de la multitud. Es un principio muy conocido en el comportamiento humano que la agresividad genera más agresividad. La estrategia psicológica clave de Jesús fue evitar un excesivo lenguaje corporal y mantener la calma. La falta de control de su parte les habría costado la vida a la mujer, a sus discípulos y a él mismo.

Aspectos físicos del Hombre del Sudario

Aunque la autenticidad del Sudario de Turín sigue siendo controversial, para los propósitos de esta sección me gustaría aceptar su autenticidad con el fin de describir algunas de las probables características físicas de la víctima.

El ser humano cuya figura aparece en el Sudario era de sexo masculino, con sangre tipo AB. Medía entre 5'9" y 5'11" de estatura y pesaba aproximadamente 170 libras. En medicina, un cálculo llamado índice de masa corporal, o IMC, proporciona un indicador confiable de la grasa corporal. Este cálculo se utiliza para la detección de problemas de salud relacionados con el peso. El IMC de Jesús muestra que tenía un peso normal, no tenía sobrepeso en modo alguno, con un cuerpo bien proporcionado, que incluso podría considerarse atlético. También es importante notar que un hombre judío de 5'11" era bastante alto para la época.

Previo a su crucifixión, Jesús tenía 33 años de edad y estaba en muy buena forma física, a juzgar por su tasa de altura/peso y más. Seguramente su experiencia como carpintero le exigió una tremenda condición física. Debemos también añadir que durante los tres años de su ministerio, él y sus discípulos recorrieron a pie una extraordinaria extensión de territorio. (Véase la figura 5, mapa del territorio cubierto por Jesús en su ministerio.)

Si se considera todo el conjunto de características—su cuerpo perfecto, sus habilidades de comunicación, sus declaraciones autoritarias y su compromiso con los más pobres—cualquiera puede entender por qué las autoridades se sintieron amenazadas por este joven. Con extraordinario magnetismo y carisma, Jesús se proyectó a sí mismo como un líder legítimo y eficiente y a quien le importaban las personas que lo seguían de buena gana. Sin duda, las autoridades se vieron intimidadas por la capacidad de Jesús de conectar con las personas e influir en ellas. A medida que su liderazgo continuaba creciendo de manera exponencial, se estaba volviendo demasiado popular. Tenía que ser eliminado.

CAPÍTULO 4

LA CRUCIFIXIÓN

Mientras comían, Jesús tomó pan, y habiéndolo bendecido, lo partió, y dándoselo a los discípulos, dijo: "Tomen, coman; esto es mi cuerpo". Y tomando una copa, y habiendo dado gracias, se la dio, diciendo: "Beban todos de ella; porque esto es mi sangre del nuevo pacto, que es derramada por muchos para el perdón de los pecados. Les digo que desde ahora no beberé más de este fruto de la vid, hasta aquel día cuando lo beba de nuevo con ustedes en el reino de mi Padre".

MATEO 26, 26-29 *

En la atención médica, el estado nutricional de un paciente es parte integral de la evaluación clínica. Preguntas específicas "¿cómo está su apetito?" o "¿cuándo fue su última comida?", se utilizan en la evaluación. El propósito de estas preguntas es ayudar al médico a evaluar el estado nutricional como un componente de la salud del paciente. La falta de apetito ocurre comúnmente en situaciones de estrés. Esto está relacionado con una serie de cambios complejos que se producen en el cerebro y el sistema hormonal bajo estrés. En otras palabras, el cuerpo humano no reconoce el comer como una prioridad en situaciones de mucha tensión.

A medida que se acercaba su crucifixión, Jesús estaba sometido a una gran tensión. Por lo que es de suponer que Jesús no cenara abundantemente la noche de la Última Cena. Es posible que haya comido un pequeño trozo de pan mientras celebraba la primera Comunión. Esto le da a la última cena un significado religioso aún más profundo y fue una demostración de amor de Jesús por cada uno de nosotros. Pero en términos de consumo de calorías, probablemente fue intrascendente o insignificante.

LA AGONÍA EN EL HUERTO

Y estando en agonía, oraba con mucho fervor; y Su sudor se volvió como gruesas gotas de sangre, que caían sobre la tierra.

LUCAS 22, 44

Después de la cena, Jesús y sus discípulos fueron al Monte de los Olivos. La agonía de Jesús en el huerto expresa plenamente su naturaleza humana y muestra el conflicto entre su divinidad y su humanidad.

Como el Hijo de Dios, Jesús era el profeta supremo. Por lo tanto, él sabía de antemano la brutalidad del castigo que estaba a punto de sufrir. Incluso en su singular situación, él no estaba adivinando ni imaginando cosas. Como el Dios vivo, su conocimiento previo sobre su crucifixión iba más allá de lo real. Y sin embargo, ese conocimiento divino sobre la crucifixión tuvo que ser manejado por Jesús, el hombre. A medida que su cerebro humano recibía y procesaba una gran cantidad de información dolorosa y detallada sobre el sufrimiento que se extendía ante él, su mente y su cuerpo estaban bastante estresados.

El cuerpo de Jesús reaccionó de manera normal al peligro inminente. Su cerebro le activó el sistema hormonal para preparar su cuerpo para la próxima batalla. Su ritmo cardíaco y su presión arterial aumentaron en respuesta al peligro. Estos cambios en los signos vitales son el resultado de la liberación de un grupo de hormonas que en conjunto conforman lo que se conoce como "pelea o escapa". Algunos ejemplos de estas sustancias son la adrenalina, la noradrenalina, los esteroides y las endorfinas. En esta etapa hormonal, una persona puede responder al peligro corriendo más rápidamente y soportando niveles significativos de dolor. Todos hemos oído hablar de alguna vez en que alguien respondió a una crisis mediante la realización de una tarea física que habría sido imposible en otras circunstancias, preguntándose luego cómo pudo hacerlo.

Los discípulos que estaban con él en el huerto nunca lo habían visto tan perturbado. Lucas describió los detalles del tiempo que pasó Jesús en el Huerto de Getsemaní, revelando su severa agitación física y emocional. La película de Mel Gibson, *La Pasión de Cristo*, capturó en detalle el drama de Getsemaní. Le dio vida al Evangelio de Lucas cuando el actor interpretó la agonía de Jesús en el huerto.

Su sufrimiento era de tal magnitud que "era su sudor como grandes gotas de sangre que caían hasta la tierra". Esta es una condición clínica rara pero real, llamada hemohidrosis, hematidrosis, o hematoidrosis, que se produce en momentos intensamente agobiantes de dolor, estrés o shock. Los pequeños vasos sanguíneos (capilares) de las glándulas sudoríparas se vuelven muy frágiles y pierden sangre en esas glándulas, mezclando el sudor con la sangre.

Hay otros casos de hematidrosis descritos en la historia humana. El gran Leonardo Da Vinci menciona a un soldado que sudó sangre antes de la batalla. Más recientemente, el *Indian Journal of Dermatology* describe el caso de un individuo de 72 años, de sexo masculino, cuya ropa interior se manchó de sangre en la zona abdominal, especialmente en la mañana, aproximadamente durante dos meses.[1]

La respuesta humana al estrés físico y psicológico es generalmente proporcional a la gravedad del peligro potencial. En otras palabras, mientras más peligro se percibe, más aguda y grave será la respuesta hormonal. La profunda angustia de Jesús es perfectamente comprensible desde el punto de vista clínico y psicológico. Casi todo el mundo ha estado en situaciones de peligro, en la que el cuerpo se prepara para la batalla mediante la respuesta de pelea o escapa. Nuestra reacción humana se basa en una conjetura sobre lo horrible que será el peligro. Jesús no tuvo que hacer juicio previo sobre lo que se aproximaba—lo sabía al detalle.

El cuerpo de Jesús estaba listo para luchar o huir. Estaba experimentando una cantidad significativa de angustia emocional. Su naturaleza humana no quería soportar el extraordinario dolor que le esperaba, una respuesta humana perfectamente normal. Y otra vez oró al Padre, diciendo: "Padre, si es tu voluntad, aparta de mí esta copa; pero no se haga mi voluntad, sino la tuya". (Lucas 22, 42)

Era necesario controlar estas respuestas físicas normales para que él pudiera cumplir su misión. La respuesta de Jesús a la angustia extrema fue la oración extrema.

EL JUICIO

Entonces la tropa romana, el comandante y los guardias de los judíos prendieron a Jesús, lo ataron, y lo llevaron primero ante Anás, porque era suegro de Caifás; quien era sumo sacerdote ese año.

JUAN 18, 12–13

Cualquiera que haya sido sometido a un interrogatorio comprende que las interpelaciones, juicios, y cualquier cosa que tenga que ver con los tribunales tiende a crear una gran cantidad de estrés. En los tiempos modernos, la mayoría de los interrogatorios se llevan a cabo en la mañana o por la tarde. Las partes involucradas suelen estar representadas por abogados. Se trata de una situación más o menos razonable. No obstante, consume energía y es emocionalmente agotador participar en cualquier juicio, especialmente si el resultado final puede ser la pena de muerte.

La exposición de Jesús al sistema judicial fue muy traumática y abusiva. Se lo llevaron del Jardín de Getsemaní el jueves por la noche, y la mañana del viernes fue interrogado por los líderes religiosos y políticos. Esos líderes trataban justificar la pena de muerte para Jesús. Inicialmente pensaron que la tarea iba a ser fácil, pero se hizo más difícil cuando el prefecto romano, Poncio Pilato, comenzó a titubear porque no podía encontrar en Jesús delito alguno.

Pilato le preguntó: "¿Qué es la verdad?" Y habiendo dicho esto, salió otra vez a donde estaban los judíos y les dijo: "Yo no encuentro ningún delito en Él".

JUAN 18, 38

Estoy seguro de que Pilato podía percibir los celos subyacentes contra el joven y carismático Jesús. Los argumentos no eran suficientes para justificar la pena de muerte y menos aún para justificar la crucifixión.

En las múltiples idas y venidas entre las autoridades judías y las romanas, Jesús fue víctima de abusos verbales y físicos. No había dormido durante al menos veinticuatro horas, y la hora de su última comida real es incierta. El escenario descrito anteriormente es suficiente para crear un estado de fatiga y nerviosismo extremos.

Juicios de Jesús

Del jueves en la noche al viernes en la mañana

- Jesús es arrestado en el Huerto de Getsemaní
- Interrogatorio frente a Anás
- Interrogatorio frente a Caifás (sumo sacerdote)
- Jesús ante el Sanedrín
- Juicio ante Pilato en la Pretoría
- Jesús ante Herodes
- Jesús ante Pilato (segunda vez)

Juan 18, 19
Lucas 22, 23

Las autoridades judías advirtieron que Pilato dudaba acerca de la sentencia de muerte. En este punto, efectuaron una fuerte maniobra política al cuestionar la lealtad de Pilato al César: Como resultado de esto, Pilato procuraba soltar a Jesús, pero los judíos gritaron: "Si suelta a Este, usted no es amigo del César; todo el que se hace rey se opone al César." (Juan 19, 12)

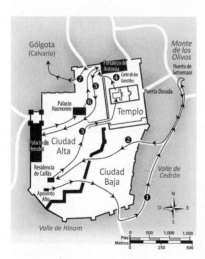

Es bastante importante entender las implicaciones de esa acusación contra un político que era representante del Imperio Romano en la región. En esos días, la línea que separaba ser amigo del César y ser traidor era muy sutil. Obviamente, Pilato no quería ser acusado de algo tan cercano a la traición. Por lo tanto, se lavó las manos de la sangre inocente de Jesús. (Bueno, él pensó que lo hizo.) En el análisis de las acciones de Pilato, trato de

Este mapa de la ciudad resume el trayecto de Jesús desde el Aposento Alto hasta el Calvario.

tener en cuenta su ambiente sociopolítico. Pienso en los políticos y los no políticos y me pregunto cuántas personas habrían obrado de otra manera. Es un pensamiento aterrador. A veces, siento que Pilato fue un político en el lugar y momento equivocados.

Finalmente, después de una noche entera de interrogaciones y presentaciones de falsos testimonios, Jesús fue hallado culpable de blasfemia y condenado a la cruz.

LA FLAGELACIÓN

"Entonces, Pilato tomó a Jesús y lo mandó azotar".

JUAN 19, 01

Es muy posible que algún grado de tortura previa a la crucifixión fuera un componente intrínseco de todos los procedimientos de crucifixión. Hay evidencia de que algunas de las víctimas morían básicamente a causa de los golpes recibidos. La brutal paliza que se daba como preámbulo a la crucifixión podía causar la muerte, sobre todo si la víctima ya estaba débil o tenía alguna enfermedad no reconocida.

Jesús fue objeto de una flagelación muy intensa. Algunos creen que Pilato quería impresionar al pueblo judío con su severidad y obtener así una pena más leve para Jesús: "Pilato volvió a salir—Aquí lo tienen—dijo a los judíos.—Lo he sacado para que sepan que no lo encuentro culpable de nada". (Juan 19, 04)

El flagrum

Los romanos usaban un látigo llamado flagrum[2]. Estaba cargado con componentes destructivos como pedazos de metal, huesos, dientes de animales y cualquier cosa que potencialmente causara daño al cuerpo de la víctima. Cada vez que el flagrum caía sobre el cuerpo de Jesús, producía dos tipos de lesiones: laceraciones superficiales y contusiones de tejidos profundos. Las laceraciones superficiales iniciales eran más profundas, a medida que continuaba el castigo y, finalmente, los músculos de la espalda, así como los huesos quedaron expuestos. Esto recuerda las proféticas palabras del salmo:

Como perros de presa, me han rodeado;
me ha cercado una banda de malvados;
me han traspasado las manos y los pies.
Puedo contar todos mis huesos;
con satisfacción perversa la gente se detiene a mirarme.

SALMO 22,16-17

La expresión "Puedo contar todos mis huesos" no se refiere a que Jesús estaba muy delgado o malnutrido. En efecto, es una representación muy exacta del daño producido por el látigo a su espalda, al punto que sus costillas y sus vértebras quedaron expuestas.

Ese látigo especial también producía contusiones de tejidos profundos que podrían ser la causa de una cantidad significativa de sangrado en los músculos. Las laceraciones producen hemorragias externas, mientras que el daño a los tejidos blandos puede resultar en que la sangre se pierda en los músculos profundos, lo que también se llama hemorragia interna.

El resultado final de esta bárbara flagelación es una extraordinaria desfiguración física. Mucho antes de la crucifixión en sí, el profeta Isaías escribió:

De la manera que muchos se asombraron de ti, pueblo mío,
así fue desfigurada su apariencia más que la de cualquier hombre,
y su aspecto más que el de los hijos de los hombres.

ISAÍAS 52,14

LA CORONA DE ESPINAS

Y los soldados tejieron una corona de espinas, la pusieron sobre su cabeza y lo vistieron con un manto de púrpura.

JUAN 19, 2

El cuero cabelludo humano sangra fácilmente en casos de trauma en la cabeza. Incluso pequeñas laceraciones en el cuero cabelludo pueden provocar una hemorragia torrencial. La razón de esto es que esa parte de la cabeza tiene una enorme cantidad de vasos sanguíneos cerca de la superficie; un médico diría que es extremadamente "vascular".

Cuando a Jesús le pusieron la corona de espinas, ya había sido sometido a una tremenda cantidad de traumas físicos y emocionales. No había comido ni bebido nada sustancioso durante un significativo período de tiempo. Lo más probable es que estuviera deshidratado, incluso antes de perder la gran cantidad de sangre que fluyó durante su flagelación. La combinación de la excesiva pérdida de sangre y la falta de ingesta de líquidos creó el estado de hipovolemia, lo que significa que su volumen de sangre estaba bajo.

La corona de filosas espinas sobre la cabeza de Jesús aumentó la ya significativa pérdida de sangre de su cuerpo. Los soldados romanos continuaron golpeándolo en la cabeza después de que la corona estaba en su lugar. Esta cruel golpiza estimuló aún más la hemorragia: "[Ellos] se acercaron a él una y otra vez, diciendo: ¡Viva el rey de los judíos! —le gritaban, mientras se le acercaban para abofetearlo. (Juan 19, 03).

La corona de espinas cubrió todo el cuero cabelludo en lugar de ser el

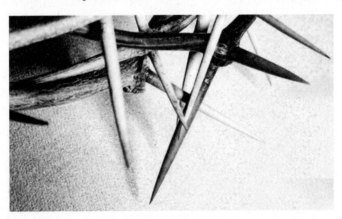

tipo de corona que se ve como un anillo incompleto. Las espinas medían de una a dos pulgadas de largo.[3] Merece la pena notar que la corona de espinas no era parte de la rutina de la crucifixión común. Se utilizó exclusivamente en la crucifixión de Jesús.

La Vía Dolorosa

"Cuando lo llevaban, tomaron a un tal Simón de Cirene que venía del campo y le pusieron la cruz encima para que la llevara detrás de Jesús".

Lucas 23, 26

En la antigua ciudad de Jerusalén, hay una ruta que tradicionalmente se ha conocido como la ruta que llevó a Jesús desde la fortaleza romana al lugar de la crucifixión, también llamado Gólgota o "lugar de la calavera". La ruta se llama Vía Dolorosa o "Ruta del Sufrimiento". La distancia de esta ruta tradicional es de aproximadamente seiscientos metros o dos mil pies. (Algunos hallazgos arqueológicos recientes cuestionan la ubicación actualmente aceptada de la Vía Dolorosa.[4])

Independientemente de la ubicación exacta de las calles, está documentado que Jesús tuvo que caminar desde el palacio del prefecto romano hasta el Gólgota. Me llama la atención que, si bien los tres evangelios sinópticos—Mateo, Marcos y Lucas—mencionan que un cirineo llamado Simón fue designado para llevar la cruz para el convicto Jesús, el Evangelio de Juan no lo menciona:

Así que entonces Pilato lo entregó a ellos para que fuera crucificado. Tomaron, pues, a Jesús, y Él salió cargando su cruz al sitio llamado Lugar de la Calavera, que en hebreo se dice Gólgota.

Juan 19:16–17

Es necesario formularse algunas preguntas: (1) ¿Cargó Jesús la cruz entera, o solo la barra horizontal? (2) ¿Estaba en una carretera plana o una colina? (3) ¿Cuántas veces se cayó? (4) ¿Qué transportó en realidad el hombre de Cirene?

Toda la interacción del Cireneo con Jesús es algo confusa, aunque el hecho de que él fuera mencionado en tres de los cuatro evangelios parece ser suficiente evidencia de que alguien llamado Simón formó parte del recorrido por la Vía Dolorosa.

Es un hecho bien establecido que habría sido prácticamente imposible para un hombre llevar la cruz completa. Una distancia de seiscientos metros es demasiado para transportar más de 300 libras,[5] especialmente para alguien que ya estaba cerca de la muerte a causa de los abusos y latigazos. Jesús pudo haber cargado la barra horizontal, el *patibulum*, durante parte del trayecto. La barra horizontal pesaba entre ochenta y ciento diez libras.[6] Él pudo haberlo ayudado a cargar esta barra horizontal caminando detrás de él, o que simplemente haya completado la ruta para un hombre que apenas podía caminar.

Según la tradición, Jesús se cayó tres veces. No hay evidencia bíblica de ese número de caídas, pero debido a su extrema fatiga, pérdida de sangre, deshidratación, ayuno prolongado y dolor extraordinario, es muy posible que se haya caído múltiples veces. Por otra parte, la ruta era áspera y no particularmente plana, especialmente bajando los escalones del palacio.

Mientras se cargan objetos pesados sobre la espalda, una caída encierra peligros intrínsecos. El impulso generado por la caída puede causar lesiones similares a las del impacto de un volante contra el pecho en un accidente de vehículo de motor a alta velocidad. Imagine una caída desde lo alto de las escaleras del palacio con la barra horizontal de la cruz sobre su espalda. El corazón y los pulmones, atrapados entre dos fuerzas opuestas, podrían sufrir contusiones potencialmente mortales. Las contusiones cardíacas podrían posteriormente llevar a la rotura cardíaca, lo cual explicaría parcialmente por qué la muerte de Jesús fue tan rápida.

| Jesús lleva la barra horizontal de la cruz. | Cruz en forma de T utilizada por los romanos. |

Los procedimientos para la Crucifixión

Como un tiesto se ha secado mi vigor,
y la lengua se me pega al paladar; me has puesto en el polvo de
la muerte.
Porque perros me han rodeado;
me ha cercado cuadrilla de malhechores;
me horadaron las manos y los pies.

Salmo 22, 15–16

La crucifixión como modo de ejecución tenía dos objetivos principales: el primero era producir una cantidad prolongada y extraordinaria de dolor. El segundo objetivo era intimidar a la población mediante la presentación de una ejecución pública horrenda. El mensaje estaba destinado a ser intimidante: "Esto podría pasarte a ti, si desafías al Imperio Romano".

Jesús fue la persona más inocente que jamás haya enfrentado esa pena de muerte. Incluso Pilato lo pensó así. Él dijo: "Me han presentado a este hombre como uno que incita al pueblo a la rebelión; pero habiéndolo interrogado yo delante de ustedes, no he hallado ningún delito en este hombre de las acusaciones que hacen contra Él". (Lucas 23, 14)

A pesar de que Pilato tuvo la intención de liberarlo, la presión política que los líderes judíos le aplicaron fue excesiva para él. Pilato condenó a Jesús a la muerte en una cruz.

A pie, Jesús fue llevado a un lugar en las afueras de la ciudad llamado la Calavera (*Gólgota*, en hebreo) para ser crucificado. Esta ubicación había sido especialmente elegida para permitir una vista pública de las ejecuciones que tenían lugar allí. Presumiblemente, la localización también era importante desde una perspectiva de salud pública, debido al hecho de que algunos de los cadáveres permanecían en sus cruces por un tiempo, para mayor efecto de intimidación.

Como se mencionó anteriormente, los romanos habían perfeccionado el arte de la crucifixión. Dedicaban soldados capacitados para esta tarea en particular. La colocación de los clavos tenía que ser precisa con la doble finalidad de mantener el cuerpo fijado a la cruz y generar la mayor cantidad de dolor. Parte de la formación de estos soldados romanos debió haber incluido algunos conocimientos básicos, pero prácticos, de anatomía.

Los brazos de Jesús fueron asegurados a la cruz con clavos que medían hasta siete pulgadas de largo y alrededor de tres octavos de pulgada de espesor, pasados a través de sus muñecas.[7] Esos clavos penetraron entre los huesos de sus muñecas. Un nervio importante, el nervio mediano, fue lastimado por los clavos en esa área anatómica, causando que sus manos se doblaran en una posición como de garra.[8] Lo peor de todo

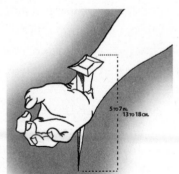

Mano en garra, característica que se produce cuando el clavo perfora la muñeca.

es que el daño al nervio con toda seguridad produjo calambres severos que se extendían desde los brazos hasta los hombros. Esos calambres son muy dolorosos y afectan el control y la fuerza de los brazos. Además, el peso corporal de una persona crucificada tira de los brazos hacia abajo, creando dislocación del codo y el hombro. No es común que los brazos de una víctima de crucifixión aumenten un par de pulgadas de longitud.

Los clavos fueron insertados a través de sus pies entre el segundo y

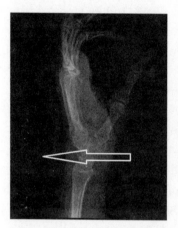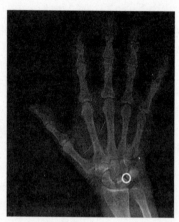

Las radiografías de la mano revelan el paso del clavo entre los huesos de la muñeca.

el tercer hueso metatarsiano, casi en el centro del pie. Este lugar en particular permite el soporte del peso aún cuando el cuerpo de la persona tire hacia abajo. Hubo un sangrado inicial debido a los daños en las ramas arteriales, situadas entre los metatarsianos; pero este sangrado fue autolimitante, ya que el clavo mismo y el peso del cuerpo comprimieron la arteria contra el clavo.

Le retorcieron las rodillas y se las doblaron hacia el exterior. La postura creada por esta maniobra fue extremadamente difícil e incómoda. La posición de la víctima en una cruz crea una cantidad de sufrimientos sin precedentes. (De algún modo, otros seres humanos fueron capaces de diseñar tal tortura.) De vez en cuando, los soldados ponían un asiento pequeño para ayudar a sostener el cuerpo durante la agonía de la muerte.

(¿Por qué no añadir una "comodidad" mínima?) No debemos suponer que la colocación de este pequeño asiento era un acto de misericordia. Esto solo servía para prolongar la tortura de la víctima. No hay nada misericordioso en una crucifixión.

UNA MUERTE LENTA Y DOLOROSA

Es necesario advertir que en el momento en que Jesús fue clavado en la cruz, ya había perdido una cantidad significativa de sangre debido a la flagelación abusiva y brutal que había sufrido un par de horas antes. No había comido en mucho tiempo. Él ya estaba muy débil y herido de gravedad. Con el fin de entender lo que pasó después, es importante saber cómo es que los seres humanos respiran. La gente respira usando una combinación de músculos que trabajan en forma sincronizada, en oposición el uno del otro. Un grupo de músculos se contrae, mientras el otro grupo se relaja y viceversa. Este sistema automático, bien sincronizado, permite que la pared torácica se expanda para la inhalación y se contraiga en tamaño para la exhalación. Los pulmones están en el interior de la cavidad torácica, en lo que se llama el espacio pleural. Los movimientos de inhalación y exhalación permiten que el aire entre y salga de los pulmones mediante la creación de presión negativa y positiva dentro del espacio pleural. Cuando alguien es crucificado, se desencadena una cascada de eventos que afectan la mecánica de la respiración.

El cuerpo de la víctima muere gradualmente y cada momento es insoportablemente doloroso. Como el cuerpo ha estado suspendido desde solamente tres puntos fijos, las dos muñecas y los dos pies juntos, sostener el peso en cualquier punto produce un dolor terrible. Instintivamente, la víctima alterna su peso entre las muñecas y los pies. Cada vez que la víctima se relaja, su cuerpo se desploma por gravedad y empiezan a dislocarse las articulaciones de sus extremidades superiores. Como mencioné anteriormente, al momento de la muerte no era raro que los brazos de la persona hubieran aumentado algunas pulgadas de largo debido a la dislocación de los codos y los hombros. El resultado final de los brazos extendidos y dislocados es que toda la pared del pecho se estira hacia afuera y hacia arriba, fijando el pecho en inhalación total. Este trastorno particular afecta la dinámica respiratoria de una manera muy negativa.

La última consecuencia de esta horrible e incómoda posición es que ciertas áreas del pulmón comienzan a colapsar, dificultando el intercambio de gases. El oxígeno en la sangre y en los tejidos disminuye mientras que el dióxido de carbono venenoso (CO_2) se acumula. En términos médicos, la crucifixión produce fallo respiratorio por asfixia.[9]

Asimismo, la asfixia afecta profundamente el corazón. Usted probablemente ha oído el término "sistema cardiorrespiratorio". Este término reconoce el hecho de que los pulmones y el corazón están relacionados funcionalmente. Los pulmones se encargan de obtener el oxígeno del aire al tiempo que eliminan el dióxido de carbono; el sistema circulatorio es responsable de llevar el oxígeno a los tejidos y de transportar el dióxido de carbono tóxico de los tejidos a los pulmones donde puede ser eliminado. Si uno falla, el otro finalmente falla. La única pregunta es cuándo.

El fallo respiratorio (asfixia) produce fallo cardíaco. Uno de los efectos del fallo cardíaco es la acumulación de líquido en los tejidos y las cavidades del cuerpo, lo que se conoce como edema y efusiones. Una efusión es una acumulación dañina de líquido en una cavidad corporal. Puede haber edema pulmonar (líquido dentro del tejido pulmonar) o edema de las extremidades inferiores, o líquido en la cavidad pleural (efusión pleural) o en la cavidad pericárdica (efusión pericárdica), o en cualquier otra cavidad del cuerpo.

Un adulto normal, saludable, trataría de superar su adversidad en el sistema respiratorio comprometido poniendo su peso en los pies perforados y empujándose hacia arriba, a fin de bajar sus hombros al nivel de la caja torácica. Desde el punto de vista respiratorio, el propósito de esta acción es lograr una posición más favorable. Una persona podría tratar de hacer esta maniobra siempre y cuando, y con la frecuencia que pueda, soportar el dolor de sus pies. Una vez que el dolor se haya vuelto insoportable, entonces se desplomaría de nuevo hasta poder recuperar el aliento. Este ciclo de agonía se repetiría una y otra vez. Para las personas jóvenes y saludables, el proceso de morir en la cruz podía tomar entre dos y cuatro días. Mientras más sano y más fuerte era un individuo inicialmente, más tiempo podía soportar el castigo. El resultado final era el mismo: la muerte. Pero ciertamente un hombre fuerte padecía una muerte muy lenta.

Aceleración del final

A veces, durante una larga crucifixión, los soldados, así como los espectadores se cansaban de ver el horrible espectáculo. Dado que las víctimas sanas, musculosas, podían superar temporalmente el desequilibrio respiratorio, empujando sus cuerpos hacia arriba; los soldados romanos fracturaban las piernas de las víctimas con un golpe fuerte, para contrarrestar esta maniobra de supervivencia y para acelerar el proceso de la muerte. Una vez que se les rompían las piernas, las víctimas no podían superar la pesadilla respiratoria y sucumbían a la asfixia.

Según el Evangelio de Juan, los soldados les rompieron las piernas a las otras dos víctimas que fueron crucificadas junto con Jesús. Pero Jesús no necesitó que les rompieran las piernas: "Fueron, pues, los soldados y quebraron las piernas del primero, y también las del otro que había sido crucificado con Jesús. Cuando llegaron a Jesús, como vieron que ya estaba muerto, no le quebraron las piernas". (Juan 19, 32–33)

Según el Evangelio de Marcos, Jesús y sus compañeros de cruz fueron colocados en sus cruces a las nueve de la mañana. A las tres de la tarde, Jesús estaba muerto. (Véase Marcos 15, 25–37)

Las otras dos víctimas todavía estaban vivas en el momento en que Jesús murió. Debido a que casi era la hora de que empezara la Pascua judía, era prioritario asegurarse de que no hubiera cuerpos colgados en cruces durante el solemne día de reposo de esa semana. Por esta razón, los soldados procedieron a romper las piernas de las otras dos víctimas para acelerar su muerte.

El hecho de que fuera necesario romperles las piernas a los dos compañeros de cruz de Jesús, implica que no fueron sometidos al mismo castigo bárbaro de que fue objeto Jesús. No los azotaron tan fuertemente como a Jesús, o quizás no los azotaron en absoluto. Si los compañeros de cruz de Jesús no fueron azotados en absoluto, se puede suponer que la flagelación no era siquiera una parte habitual del procedimiento. Obviamente, ellos estaban en mejor condición física al momento en que los crucificaron juntos a los tres. ¿Por qué su grado de castigo fue menos severo que lo que sufrió Jesús? El azote a Jesús fue tan fuerte que él casi murió a consecuencia de ello. Como mencioné antes, esta punición preliminar puede estar relacionada con el esfuerzo fallido de Pilato de aplacar a los judíos y lograr así un castigo menor para Jesús. Pilato presentó a Jesús a los judíos luego de la intensa flagelación en un último intento de obtener una pena menor para él. No resultó: el destino de Jesús ya había sido sellado:

> Porque sabía que los principales sacerdotes lo habían entregado por envidia. Pero los principales sacerdotes provocaron a la multitud para que le pidiera que en vez de Jesús soltara a Barrabás. Pilato les preguntó:
> "¿Qué haré, entonces, con el que ustedes llaman el Rey de los Judíos?" Ellos le respondieron a gritos: "¡Crucifícalo!"
>
> MARCOS 15, 10–13

En los cuatro evangelios (Mateo, Marcos, Lucas y Juan) aparecen cuatro versiones diferentes de la Pasión (los sufrimientos de Jesús en el momento de su crucifixión). Cada uno de los evangelios se centra en diferentes aspectos de esa terrible experiencia. También podemos apreciar los diferentes estilos de los autores. Entre los cuatro, los Evangelios proporcionan una cronología de los acontecimientos que rodearon las últimas horas de Jesús. Sin embargo, desde un punto de vista médico, la mayor parte de la información sobre el sufrimiento físico de Jesús se encuentra en el libro de Isaías y en el Salmo 22, que describen su sufrimiento de una manera muy detallada.

Soy derramado como agua,
    y todos mis huesos están descoyuntados;
    mi corazón es como cera;
    se derrite en medio de mis entrañas.
Como un tiesto se ha secado mi vigor,
    y la lengua se me pega al paladar;
    me has puesto en el polvo de la muerte.
Porque perros me han rodeado;
    me ha cercado una cuadrilla de malhechores;
    me horadaron las manos y los pies.
Puedo contar todos mis huesos;
    ellos me miran, me observan.
Se reparten entre sí mis vestidos,
    y sobre mi ropa echan suertes.

SALMO 22, 14–18

En este salmo, que se considera profético de la muerte de Jesús en la cruz, vemos la descripción de los huesos dislocados y de la severa deshidratación. ("La lengua se me pega al paladar".) La lengua pegajosa y seca es un signo clásico de deshidratación. El salmo describe además la perforación de las manos y los pies, y también se refiere a los huesos expuestos que resultaron del azotamiento inmisericorde del que fue objeto Jesús antes de ser clavado a la cruz. Las expresiones: "Soy derramado como agua.... Mi corazón es como cera y se derrite en medio de mis entrañas", insinúan su estado de fatiga abrumadora e incluso de insuficiencia cardíaca.

MUERTE DE JESÚS

Y Jesús, clamando a gran voz, dijo: "Padre, en tus manos encomiendo mi espíritu". Habiendo dicho esto, expiró.

LUCAS 23, 46

Anteriormente discutí los objetivos de la crucifixión como método de ejecución. Uno de los propósitos era infligir una cantidad sustancial de dolor durante un tiempo prolongado—estamos hablando de *días*. Es bastante obvio que el caso de Jesús fue diferente en términos del tiempo que duró en la cruz, ya que solo estuvo colgado en la cruz por aproximadamente seis horas. En efecto, Pilato se sorprendió cuando supo que Jesús ya estaba muerto:

> Vino José de Arimatea, miembro prominente del Concilio (Sanedrín), que también esperaba el reino de Dios; y llenándose de valor, entró adonde estaba Pilato y le pidió el cuerpo de Jesús. Pilato se sorprendió de que ya hubiera muerto, y llamando al centurión, le preguntó si ya estaba muerto.
>
> MARCOS 15, 43–44

Una pregunta legítima es por qué la muerte de Jesús fue tan rápida. Estoy usando la palabra "rápida" con cuidado, porque el tiempo es relativo cuando la víctima está en la cruz; los segundos parecen minutos, los minutos horas, y las horas, días. Sin embargo, las víctimas de la crucifixión por lo general permanecían mucho más tiempo que el que duró Jesús.

El mecanismo de la muerte en la cruz es la asfixia, pero una variable clave en el caso de Jesús fue la flagelación abrumadora que precedió a su tiempo en la cruz misma. Esa flagelación ocasionó una pérdida de sangre tan extraordinaria que su estado de bajo volumen de sangre, o shock hipovolémico, aceleró la letal cascada de consecuencias. Como bien saben los especialistas de traumas, el choque hipovolémico, aunado a trastornos respiratorios puede ser una combinación peligrosa. Jesús tenía esa combinación.

En simples palabras, el sistema cardiorrespiratorio de Jesús no podía proveer sangre oxigenada a los tejidos de su cuerpo. Por un lado, la capacidad de sus pulmones de obtener el oxígeno del aire estaba seriamente afectada. Por otro lado, no quedaba suficiente sangre en su cuerpo para llevar la sangre pobremente oxigenada a sus tejidos.

Este doble trastorno produce una acumulación de ácido en todos los tejidos del cuerpo. El músculo del corazón es muy particular en cuanto a sus necesidades de oxígeno. Baste decir que suceden cosas malas cuando el corazón no está recibiendo suficiente oxígeno. Más específicamente, se pueden esperar arritmias cardíacas malignas, infarto del miocardio e insuficiencia cardíaca significativa. El término "arritmias cardíacas malignas" se refiere a los ritmos cardíacos anormales que pueden perjudicar la función de bombeo del corazón y tienen un potencial letal. "El infarto de miocardio", más conocido como un ataque al corazón, se origina cuando un área del músculo del corazón se ve privada de oxígeno, produciendo la muerte del músculo cardíaco. El ataque al corazón en sí mismo puede provocar arritmias malignas o dañar tanto el músculo cardíaco que afecte la función de bombeo del corazón, lo que resulta en insuficiencia cardíaca. Implica un corazón débil que no puede satisfacer la demanda de sangre oxigenada del cuerpo de la persona.

En resumen, a pesar de que el mecanismo primario de muerte de una víctima crucificada es la asfixia, Jesús tuvo otras complicaciones que probablemente aceleraron su muerte.[10]

LA SANGRE Y EL AGUA

Era el día de la preparación para la Pascua. Los judíos no querían que los cuerpos permanecieran en la cruz el sábado, por ser éste un día muy solemne. Así que le pidieron a Pilato ordenar que les quebraran las piernas a los crucificados y bajaran sus cuerpos. Fueron entonces los soldados y le quebraron las piernas al primer hombre que había sido crucificado con Jesús, y luego al otro. Pero cuando se acercaron a Jesús y vieron que ya estaba muerto, no le quebraron las piernas, sino que uno de los soldados le abrió el costado con una lanza, y al instante le brotó sangre y agua.

JUAN 19, 31–34

Cuando yo era niño, me desconcertaba la descripción anterior. Todo el asunto del agua que salió del pecho era un misterio para mí. Más tarde, me enteré de algunos de los símbolos religiosos de la mezcla de sangre y agua; la interpretación teológica del agua saliendo del pecho de Jesús está enlazada con el bautismo.

La primera vez que escuché la explicación médica del agua que salió del pecho fue cuando estaba en la escuela de medicina. Leí el libro *A Doctor at Calvary* (Un Doctor en el Calvario) en el que el autor, el Dr. Barbet, daba una explicación posible para el agua, afirmando que Jesús podría haber desarrollado una efusión o derrame en el pericardio.[11] Más recientemente, algunos artículos en la literatura médica han proporcionado una visión más clara sobre este tema. Es bien establecido en la comunidad médica que la insuficiencia cardíaca produce efusiones o derrames acuosos. Desde el punto de vista médico, tiene mucho sentido ver la insuficiencia cardíaca como la culpable de que se produjeran las efusiones que contribuyeron a la muerte de Jesús, porque todos los mecanismos para el desarrollo de derrame pleural y pericárdico ya estaban instalados en el cuerpo de Jesús.

¿Por qué salió sangre y también agua cuando la lanza del soldado le atravesó el costado? La lanza probablemente atravesó varias capas de tejido antes de lacerar el lado derecho del corazón, ya sea la aurícula derecha o el ventrículo derecho, dependiendo de los movimientos cardíacos y respiratorios. Las capas son: piel, tejido subcutáneo, músculo de la pared torácica, pleura, cavidad pleural, pericardio, cavidad pericárdica, y luego las cavidades derechas del corazón. Como se puede ver en la figura [11], cuando la lanza penetró la cavidad pleural y luego la cavidad pericárdica, el agua habría empezado a salir, pero se le habría sobrepuesto el rápido torrente de sangre que brotó del corazón. Las cavidades derechas del corazón son las más propensas a sufrir lesiones por heridas de arma blanca que penetren en el pecho por el frente. En otras palabras, son las partes del corazón más cercanas a la pared torácica.

El sangrado de una herida de arma blanca en el pecho suele ser muy intenso. La sangre sale a presión, lo que tiene un impacto visual muy fuerte para cualquier espectador. En el caso de Jesús, sabemos a ciencia cierta la identidad de al menos dos personas que se encontraban lo suficientemente cerca de la cruz y parados en el ángulo adecuado para presenciar esta hemorragia. Sabemos que Juan, el "discípulo amado", estaba así de cerca, porque Jesús le habló y le encargó una misión muy singular y específica: cuidar a su madre, María:

> Cuando Jesús vio a su madre, y a su lado al discípulo a quien él amaba, dijo a su madre:
> —Mujer, ahí tienes a tu hijo. Luego dijo al discípulo:— Ahí tienes a tu madre. Y desde aquel momento ese discípulo la recibió en su casa.
>
> JUAN 19, 26-27

Es digno de atención el hecho de que el Evangelio de Juan es el único que menciona la sangre y el agua. Tiene sentido. Él fue el discípulo capaz de sobreponerse al temor de ser arrestado y juzgado por los romanos. Su amor por su líder fue más fuerte que el miedo y se colocó en la primera fila, acompañando a la afligida madre de Jesús.

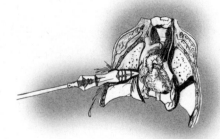

Trayectoria de la lanza a través de la cavidad torácica

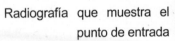

Radiografía que muestra el punto de entrada

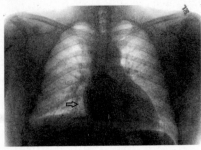

Extraña reacción de la Madre Naturaleza

Cuando llegó la hora sexta (mediodía), hubo oscuridad sobre toda la tierra hasta la hora novena (3.00 p.m.). En ese momento Jesús exclamó con fuerte voz: *"Eloi, Eloi, ōlema sabactani?"* que traducido significa, "Dios mío, Dios mío, ¿por qué me has abandonado?"

Marcos 15, 33–34

La lectura de los relatos de la Crucifixión en los evangelios puede ser abrumadora en términos de la cantidad de información presentada. Por esa razón, nunca había prestado demasiada atención a los extraños y misteriosos fenómenos naturales que ocurrieron durante las últimas horas de Jesús. Era como si la madre naturaleza, la tierra creada por Dios, hubiera hecho algunas declaraciones enérgicas durante esas horas que rodearon la muerte de Jesús.

¿Puede usted imaginar el impresionante pavor que habrán sentido los testigos al ver la oscuridad—al mediodía? Los tres evangelios sinópticos mencionan la oscuridad que tomó a todos por sorpresa. Lucas es el más específico, usando la palabra "eclipse" para describir este extraño evento:

Era ya como la hora sexta (mediodía), cuando descendieron tinieblas sobre toda la tierra hasta la hora novena (3 p.m.) al eclipsarse el sol. El velo del templo se rasgó en dos.

Lucas 23, 44–45

Se hace aún más extraño. Mateo habla de la oscuridad al mediodía en la tierra y también pasa a describir otros acontecimientos todavía más misteriosos:

En ese momento el velo del templo se rasgó en dos, de arriba abajo, y la tierra tembló y las rocas se partieron; y los sepulcros se abrieron, y los cuerpos de muchos santos que habían dormido resucitaron; y saliendo de los sepulcros, después de la resurrección de Jesús, entraron en la santa ciudad y se aparecieron a muchos.

Mateo 27, 51–53

Mateo, Marcos y Lucas mencionan la ruptura del velo del santuario. Fueron muy específicos al explicar que se rasgó de arriba a abajo, por el centro. Pero el único que menciona el terremoto es Mateo. Cuando leí por primera vez sobre esto, tuve la tentación de explicar el desgarramiento del velo, como consecuencia del terremoto, pero la ruptura ocurrió *antes* del terremoto, si seguimos la secuencia de Mateo palabra por palabra. La cortina en sí era mucho más alta que la estatura humana y de tejido inmensamente grueso; es decir, casi imposible de romper.

Es cierto que los eclipses y terremotos son fenómenos naturales que uno sabe que suceden; no hay duda de ello. Pero ¿con qué frecuencia se producen en el mismo día—y no solo dentro de las mismas veinticuatro horas, sino casi simultáneamente? La probabilidad estadística de que esos dos grandes eventos ocurran al mismo tiempo es muy pequeña. En los tiempos modernos, un eclipse de cualquier tipo no da miedo, porque se nos ha advertido con anticipación, y ver estos eventos es algo único—una experiencia de toda una vida. Sin embargo, en el primer siglo no había manera de difundir una advertencia acerca de un eclipse inminente. Y un eclipse de sol que solo "sucedió" en ese momento histórico, justo cuando un joven inocente que algunos creían era el Hijo de Dios fue crucificado, debe de haber sido una vivencia sumamente aterradora.

En mi experiencia personal, he sido testigo de varios terremotos de baja escala. Esos terremotos en particular no causaron daños, pero desde mi punto de vista, fueron muy temibles. Me parece que los terremotos son más temibles que los huracanes, que también he experimentado en la República Dominicana. En un terremoto, la vibración de la tierra crea una onda de sonido muy inquietante que amenaza ruina inminente. Los terremotos a los que he estado expuesto se pueden considerar como leves. No me puedo imaginar presenciar uno grande como el que ocurrió el día en que Jesús murió, capaz de partir las rocas en dos.

Reconstruyamos la historia. Jesús, el hombre que se creía que era el

Hijo de Dios, fue puesto en la cruz a las nueve en punto de la mañana. Tres horas más tarde, al mediodía, se oscureció toda la tierra durante tres horas. En el momento en que expiró, el velo del templo se rasgó por la mitad, sin ninguna explicación natural. Luego se produjo un terremoto lo suficientemente fuerte como para partir las rocas por la mitad. Las personas justas se levantaron de sus tumbas y se movieron alrededor de la ciudad.

Hasta los soldados paganos estaban convencidos de que al crucificar a Jesús, acababan de matar al Hijo de Dios:

> El centurión y los que estaban con él custodiando a Jesús, cuando vieron el terremoto y las cosas que sucedían, se asustaron mucho, y dijeron: "En verdad éste era Hijo de Dios".
>
> MATEO 27, 54

Además de mencionar la reacción del centurión, el Evangelio de Lucas también relata cómo el resto de los presentes reaccionó a los acontecimientos naturales:

> Al ver el centurión lo que había sucedido, glorificaba a Dios, diciendo: "Ciertamente, este hombre era justo". Todas las multitudes que se habían reunido para presenciar este espectáculo, al observar lo que había acontecido, se volvieron golpeándose el pecho. Pero todos los conocidos de Jesús y las mujeres que lo habían acompañado desde Galilea, estaban a cierta distancia viendo estas cosas.
>
> LUCAS 23, 47–49

¿Cómo puede alguien no estar convencido por este conjunto de eventos naturales y sobrenaturales sin precedentes (y nunca desde entonces repetido) que parece haber sido orquestado en torno a la agonía que Jesús estaba sufriendo?

Anteriormente, cuando me referí a la estrella de Belén, mencioné la contribución de Kepler a la astronomía. El mismo método puede ser usado para determinar el mapa del cielo en tiempos de Poncio Pilato. Parece que hubo un eclipse lunar el 3 de abril del año 33 d. C., muy probablemente el día de la crucifixión.[12] Así que añadamos esta luna rojiza (luna sangrienta) que salió después del anochecer. Todo el conjunto de los fenómenos fue sobrecogedor y la conexión con el sufrimiento de Jesús está muy clara.

El testimonio de Juan

Y el que lo ha visto ha dado testimonio, y su testimonio es verdadero; y él sabe que dice la verdad, para que ustedes también crean. Porque esto sucedió para que se cumpliera la Escritura: "No será quebrado hueso suyo".

Juan 19, 35–36

He leído y escuchado el relato de la Pasión de Cristo según San Juan muchas veces. Pero tengo que reconocer que el testimonio de Juan continúa ejerciendo un fuerte efecto en mí, y así ha sido desde que yo era un niño. Recuerdo la primera vez que lo escuché. Era Viernes Santo y, como era tradicional en mi familia, fuimos a la iglesia. La Iglesia Católica ha celebrado el Viernes Santo de la misma manera durante cientos de años. Toda la historia de la Pasión según San Juan se lee de principio a fin de una manera muy solemne. Tres lectores, tres voces, se turnan para leer las palabras. A cada uno de ellos se le asigna una persona. Por ejemplo, el sacerdote celebrante lee cualquier cosa referente a Jesús, el con celebrante lee sobre todos los demás, aparte de Jesús, y una tercera persona hace de narrador.

Desde la primera vez que escuché el relato de la Pasión, me sentí apenado por el sufrimiento de Jesús y la injusticia de ese infortunio. E incluso esa primera vez, esta línea me llamó la atención: "El hombre que lo vio da testimonio". (Juan 19, 35). Mi reacción inicial fue: "¿Qué? ¿Qué fue eso?" Desde entonces, siempre he prestado mucha atención a esa línea en particular. Yo lo llamo un correo "h", o "correo histórico". Cada vez que lo escucho, me suena como si Juan hubiera viajado desde el pasado para decirnos que él estaba allí, que lo vio todo y, lo que es más importante, que no tiene ninguna razón para engañarnos.

De una cosa estoy seguro y es que se puede suprimir este párrafo y la secuencia de la lectura no se verá afectada. En otras palabras, la historia ya ha sido contada sin este párrafo en particular. Entonces, ¿cuál es el significado de este segmento? ¿Por qué Juan siente la necesidad de añadir esto? Esta es una pregunta que merece nuestra atención. De hecho, no podemos encontrar otro testimonio como este en la Biblia. Es único. Así que tengamos en cuenta quién es el autor. Conocer los antecedentes del autor ofrece una visión sobre el fragmento y permite al lector captar o entender mejor el mensaje.

Juan fue uno de los doce discípulos que siguieron a Jesús. Él era el hermano menor de Santiago, y el nombre de su padre era Zebedeo. Su madre, Salomé, era la hermana menor de María. Santiago y Juan eran primos de Jesús. Como era costumbre en aquellos tiempos, los hijos ayudaban a su padre en el trabajo; por lo tanto, Santiago y Juan se hicieron pescadores, como su padre. Después que Jesús los llamó a seguirle, se convirtieron en parte de su círculo íntimo. En efecto, junto con Pedro, Santiago y Juan fueron los que vieron la transfiguración de Jesús, así como el milagro de la hija de Jairo, a quien resucitó de entre los muertos.

Al parecer, Juan y Santiago tenían una mezcla interesante de personalidades. Por un lado eran muy tranquilos y amables, pero cuando se colmaba su paciencia, la ira era atronadora. Jesús los llamó "Boanerges" o "hijos del trueno" (Marcos 3,17). La mayoría de nosotros conoce a alguien así: en general apacible, pero explosivo, cuando la paciencia se le agota. Para mí, es importante poder comparar estos personajes bíblicos con la gente de hoy; a pesar del paso de los siglos, son muy similares. Jesús fue capaz de ver más allá de la explosividad de Juan. Podía ver su corazón, y su buen corazón lo hizo digno de confianza.

Jesús era tan cercano a él que, en sus últimas horas, le pidió que cuidara a su madre—el tipo de encomienda que solo se le hace a una persona muy especial, de confianza, y amada. Recuerden que mientras la mayoría de los discípulos se mantuvo a distancia durante la terrible experiencia de Jesús en la cruz (o se ocultaron), Juan demostró su amor y lealtad a Jesús al permanecer a su lado, acompañando a María. Juan era tan cercano a Jesús que se conoce como "el discípulo amado". A lo largo de sus años bajo la tutoría de Jesús, Juan y Santiago florecieron como discípulos, convirtiéndose en miembros claves del grupo.

Luego, durante las últimas horas de Jesús, ese discípulo amado estuvo junto a María, abrumado por lo que estaba sucediendo y, lo que era peor, sin poder hacer nada. Seguramente se dio cuenta de que acababa de presenciar el evento más importante en la historia de la humanidad: la crucifixión del Hijo de Dios. El hombre más inocente había sido ejecutado por el método más bárbaro conocido. Él probablemente se dio cuenta de que lo que acababa de presenciar iba a cambiar el curso de la historia para siempre. Se sentía responsable por su papel de testigo para que las generaciones futuras creyeran que la historia descrita por él era la verdad.

Yo le pregunto a usted: ¿Es él un testigo fiable? Tomando en cuenta lo que sabemos sobre su personalidad, vean lo que dijo:

> Los judíos entonces, como era el día de preparación para la Pascua, a fin de que los cuerpos no se quedaran en la cruz el día de reposo, porque ese día de reposo era muy solemne, pidieron a Pilato que les quebraran las piernas y se los llevaran. Fueron, pues, los soldados y quebraron las piernas del primero, y también las del otro que había sido crucificado con Jesús. Cuando llegaron a Jesús, como vieron que ya estaba muerto, no le quebraron las piernas; pero uno de los soldados le traspasó el costado con una lanza, y al momento salió sangre y agua. *Y el que ha visto ha dado testimonio, y su testimonio es verdadero; y él sabe que dice la verdad, para que ustedes también crean.*

Juan 19, 31–35, [énfasis del autor]

CAPÍTULO 5

La Resurrección

El primer día de la semana, María Magdalena fue temprano al sepulcro, cuando todavía estaba oscuro, y vio que habían retirado la piedra de la tumba. Entonces corrió y fue adonde estaban Simón Pedro y el otro discípulo a quien Jesús amaba, y les dijo: "Se han llevado al Señor del sepulcro, y no sabemos dónde lo han puesto".

Salieron, pues, Pedro y el otro discípulo, y fueron hacia el sepulcro. Los dos corrían juntos, pero el otro discípulo corrió más aprisa que Pedro, y llegó primero al sepulcro; e inclinándose para mirar adentro, vio las envolturas de lino puestas allí, pero no entró. Entonces llegó también Simón Pedro tras él, entró al sepulcro, y vio las envolturas de lino puestas allí, y el sudario que había estado sobre la cabeza de Jesús, no puesto con las envolturas de lino, sino enrollado en un lugar aparte. También entró el otro discípulo, el que había llegado primero al sepulcro, y vio y creyó. Porque todavía no habían entendido la Escritura de que Jesús debía resucitar de entre los muertos.

Juan 20, 1–9

Hasta este momento, hemos hablado de un líder maravilloso que fue crucificado bajo la acusación de blasfemia. La realidad es que el pensamiento de Jesús era un poco intimidante para el sistema en ese momento. Se estaba volviendo demasiado popular entre los pobres y los gentiles. Jesús era el tipo de líder cuyas palabras y acciones se fusionaban, y eso era poderoso y amenazador.

Eliminar al dirigente de un movimiento es una manera de desactivar cualquier tendencia política, religiosa o social no deseada. Pero a veces esta acción en particular no puede controlar lo iniciado y, de hecho, puede empeorar la situación. Al parecer, después de su muerte, Jesús continuó siendo un problema para el sistema social, político y religioso. En realidad, se convirtió en un problema más grande—una pesadilla.

Por primera vez, un hombre había muerto en la cruz, y tres días más tarde su cuerpo había desaparecido de su tumba, un sepulcro fuertemente custodiado por las fuerzas imperiales. Aún más insólito, algunos rumores comenzaron a extenderse alrededor de Jerusalén de que Jesús había sido visto con vida, con los signos físicos evidentes de la crucifixión. ¿Podría ser que el líder que habían ejecutado había vuelto a la vida? ¿Podría haber sucedido como él mismo había predicho? Había reunido a sus discípulos para decirles lo siguiente:

El Hijo del Hombre va a ser entregado en manos de los hombres. Lo matarán, y al tercer día resucitará". Y ellos se entristecieron mucho. (Mateo 17, 22–23)

En la historia de la humanidad ha habido muchos otros líderes religiosos influyentes. Algunos de ellos han jugado un papel muy importante en la conformación de la historia humana. Pero, a excepción de Jesús, nadie más había dicho alguna vez que él podía ser resucitado—y luego lo había probado.

Si la historia de Jesús hubiera terminado en su muerte, entonces ¿cuál habría sido la diferencia entre él y cualquier otro gran líder o mártir? La respuesta es ninguna diferencia. Hubiera sido otra tragedia más. Es la resurrección lo que coloca a Jesús en un alto sitial, aparte de cualquier otro líder religioso influyente. La historia de Jesús estaría incompleta si no consideráramos los acontecimientos que sucedieron después de su muerte.

Ser percibido como fehaciente y digno de confianza es de suma importancia en lo que respecta a cualquier líder notable, especialmente uno religioso. A lo largo de la historia de la humanidad, las figuras religiosas importantes (cristianas o no) *deben* ser fehacientes y dignas de confianza. Sus seguidores los deben considerar merecedores de su confianza. Jesús no es la excepción a esta regla. Él era muy auténtico en su práctica de la verdad.

Él probó lo importante que era la verdad para él por la forma en que les respondió a sus enemigos. Solamente piense esto: una simple mentira le habría salvado la vida. Él solo necesitaba alegar "Eso no fue lo que yo quise decir" y habría evitado la cruz. Pero él no cambió su testimonio. Estaba plenamente consciente de que se encontraba en la cima como figura religiosa. La gente percibía su presencia tan extraordinaria que lo llamaba El Mesías. ¿Entonces por qué iba él a poner en peligro su credibilidad y reputación, prometiendo algo que no podía cumplir? ¿Por qué se puso a sí mismo en esa difícil situación, corriendo el riesgo de pasar a la historia, no como mártir, sino como mentiroso?

Es muy importante tener en cuenta esta secuencia de razonamientos, ya que la resurrección es lo que hace a Jesús único, y cuando se analiza la Resurrección, surgen dos posturas contradictorias: el hecho real en relación al hecho imposible, o de los cristianos frente a los racionalistas. Nadie más se atrevió a afirmar que podría volver a la vida tres días después de morir. Obviamente, nadie más podría haber hecho una promesa como esa. Pero la pregunta sigue siendo: ¿Realmente hizo eso? ¿Es cierto? ¿O es la resurrección un mito—el resultado del duelo por el que estaba pasando su grupo más cercano de seguidores, o una mentira perpetrada con el propósito de elevar las enseñanzas de un gran y singular líder?

Esta línea de cuestionamientos es extremadamente importante tanto para creyentes como no creyentes. Si la Resurrección no tuvo lugar, entonces billones de personas han estado siguiendo una mentira extraordinaria. Este tendría que haber sido un fraude cuidadosamente orquestado para incluir la desaparición de un cadáver y el testimonio de más de quinientas personas que declararon haberlo visto vivo, poco después de levantarse de la tumba. Algunos de estos testigos estaban tan seguros de su propio testimonio que ellos mismos se convirtieron en mártires.

Hay que decir que si se supone que la Resurrección es un fraude, ello implica que no hay nada más allá de la muerte. Si decimos que Jesús no volvió a la vida, que todo esto es un mito, eliminamos la evidencia más fuerte de que es posible la vida después de la muerte.

Teorías contrarias a la Resurrección
Profundicemos más sobre los argumentos que rodean la resurrección de Jesús. Existen algunas teorías mediante las cuales la gente que supone que Jesús no resucitó trata de explicar la desaparición del cadáver.

Los discípulos escondieron el cadáver

Según este argumento, Jesús y sus discípulos planearon con antelación que el cadáver fuera robado y escondido, para más tarde hacer creer que él se había levantado de entre los muertos como había prometido. Mediante este fraude, ellos esperaban poder mantener vivo su mito y perpetuarlo a través de las generaciones futuras.

La única cosa a favor de esta teoría es que los fraudes fueron, son y serán parte de la historia humana. Los fraudes pueden ser lo suficientemente convincentes para que funcionen. Pero esta teoría en particular tiene varios escollos. Empecemos con algo muy simple. Si vemos los antecedentes y el carácter de Jesús y sus discípulos, es fácil llegar a la conclusión de que el historial de Jesús no era el de un hombre fraudulento. No hay nada que indique que mintió en otras circunstancias. Jesús puede ser considerado como un hombre santo y un hombre de bien, independientemente de si uno cree o no que él era el Mesías. En pocas palabras, la mentira no es una cualidad de un hombre santo.

La otra posibilidad es que los discípulos se robaron el cuerpo debido a su pena o simplemente para crear un caos y que Jesús no tuvo nada que ver con esa decisión, la cual fue tomada por sus seguidores más cercanos después de su muerte. Una vez más, el análisis del carácter de estos pescadores muestra que no eran individuos sofisticados ni conflictivos, y que eran incapaces de realizar una acción como esa. Tenga en cuenta que la tumba estaba vigilada por guardias romanos bastantes entrenados; soldados bien armados custodiaban la tumba de Jesús. Para poder robar el cuerpo, los propios discípulos habrían tenido que ser soldados mercenarios con una formación superior. Obviamente, ese no era el caso.

Otro factor importante que se debe considerar es que Jesús no se resistió a su arresto. Él no se defendió de las acusaciones. Piense en esto por un minuto. Es comprensible que durante su arresto quisiera evitar toda violencia caótica, causante de lesiones y muerte de algunos de sus seguidores. Pero llama la atención que él no se defendió cuando fue llevado a juicio. Teniendo en cuenta que Jesús era un orador muy bueno y sagaz, sabemos que podría haberse defendido audazmente en el tribunal, sin lugar a dudas. Parece que salir de esta situación con vida no era su objetivo. La única explicación de sus actos es que tenía una meta más grande: la inmortalidad. Es razonable decir que la teoría de que los discípulos se robaron el cuerpo de Jesús no resiste un escrutinio lógico, serio o elemental.

Las autoridades judías y romanas escondieron el cadáver

Esta segunda teoría se relaciona con la primera en el sentido de que supone un fraude. En este caso, los actores están invertidos. En esta teoría, las autoridades romanas y judías realizaron una maniobra preventiva mediante el ocultamiento del cuerpo para que los seguidores de Jesús no pudieran robárselo. El objetivo era evitar la propagación de un rumor de resurrección. Esta teoría en particular habría sido un golpe muy duro para los seguidores de Jesús y habría detenido el crecimiento de la fe cristiana, incluso antes de que se pusiera en marcha.

Imagine que, efectivamente, las autoridades tomaran posesión del cuerpo. Se puede decir con seguridad que la historia habría terminado con una exhibición pública del cadáver, lo que habría puesto fin al rumor de la resurrección, para que los seguidores de Jesús se dieran por vencidos y regresaran a sus casas.

Pero si ellos se llevaron el cadáver en un intento de cortar de raíz un rumor de resurrección, ciertamente no les resultó. No funcionó porque tampoco ellos tenían el cadáver.

Es interesante que haya racionalistas que realmente crean en esta teoría. Ellos creen que el cadáver de Jesús está todavía escondido y no creen que él haya resucitado. En su opinión, cualquier explicación es más plausible que la resurrección. Pero lo que ninguno de ellos puede explicar es por qué, si lo tenían, las autoridades no exhibieron el cuerpo. Simplemente no tiene sentido. La exposición pública del cadáver habría sido el final del movimiento y de un mito. Así que ¿por qué no utilizaron ese elemento de disuasión preventiva si podían haberlo hecho? ¿Por qué no mostrar el cuerpo y terminar de una vez por todas el movimiento que se estaba saliendo de control? Sencillamente no cuadra.

Las mujeres fueron a la tumba equivocada

… le concedió el cuerpo a José, quien compró un lienzo de lino, y bajando el cuerpo de la cruz, lo envolvió en el lienzo de lino y lo puso en un sepulcro que había sido excavado en la roca; e hizo rodar una piedra a la entrada de la tumba. Y María Magdalena y María, la madre de José, miraban para saber dónde lo ponían.

MARCOS 15, 45–47

Y las mujeres que habían venido con Jesús desde Galilea siguieron detrás, y vieron el sepulcro y cómo fue colocado su cuerpo. Cuando regresaron, prepararon especias aromáticas y perfumes. Y en el día de reposo descansaron según el mandamiento.

LUCAS 23, 55–56

Empezando con los evangelios de Marcos y Lucas, vemos que el conocimiento del lugar del entierro era claramente de dominio público, o al menos era sabido por los seguidores de Jesús. Como se describe en Marcos y Lucas, la tumba estaba situada cerca del lugar de la crucifixión, y las mujeres vieron exactamente dónde fue colocado el cuerpo del Señor. Tenga en cuenta que la ciudad de Jerusalén no era compleja en esos tiempos. La tumba estaba ubicada cerca del lugar de la crucifixión, en un lugar situado en una zona muy visible, y se puede decir a ciencia cierta que perderse era muy poco probable; no importa lo oscuro que estuviera. Debemos también reconocer que las mujeres regresaron a darles la noticia a los discípulos el día después del sábado, y los hombres fueron corriendo a ver la tumba vacía. ¿Ellos también fueron al lugar equivocado? Una vez más, es muy poco probable. Ellos sabían dónde había sido enterrado.

También tenemos que entender que la finalidad primordial de los procedimientos de la crucifixión era la intimidación. No tenían nada de privado. Fue un suplicio público de principio a fin. Que la gente viera los cadáveres era parte de las tácticas de miedo implementadas por los romanos. La ubicación muy visible de la tumba para este llamado enemigo del sistema no fue un secreto de Estado. De hecho, teniendo en cuenta que se colocaron guardias allí, la ubicación podría ser considerada como parte de la intimidación.

La Teoría del Desmayo

El término "teoría" se refiere a una propuesta de explicación de los fenómenos empíricos. Se refiere al acto de tratar de explicar los fenómenos. Esto no implica pruebas de la posible explicación. Con las múltiples teorías de la refutación de la Resurrección, hay gente que trata de explicar la tumba vacía con cualquier cosa que pudiera explicar la ausencia del cuerpo, pero está dejando variables importantes fuera del análisis. A estas teorías les falta una base objetiva.

Tome por ejemplo la teoría del desmayo, que es realmente inaudita. Esta teoría sugiere que mientras Jesús estaba en la cruz, se desmayó. Los romanos, pensando que Jesús estaba muerto, le permitieron a José de Arimatea bajarlo de la cruz y colocarlo en la tumba. Una vez en la tumba, Jesús se despertó debido al frío extremo del sepulcro. Aunque herido, estaba lo suficientemente fuerte para escapar moviendo la enorme y pesada roca.

Pero no se tomó en cuenta un detalle importante cuando se elaboró esta teoría. Esto es lo que el testigo ocular Juan tiene que decir sobre la última hora de Jesús: "...pero uno de los soldados le traspasó el costado con una lanza, y al momento salió sangre y agua". (Juan 19, 34). Juan está describiendo una lesión letal. Para provocar "un flujo repentino de sangre y agua", la lanza tendría que haber traspasado el espacio pleural, luego el espacio pericárdico y, finalmente, el lado derecho del corazón; ya sea la aurícula derecha o el ventrículo derecho.

Vamos a definir estos términos anatómicos. El espacio pleural se refiere a la cavidad ocupada por los pulmones y el espacio pericárdico es la cavidad donde se encuentra el corazón. La aurícula derecha y el ventrículo derecho son las dos cámaras del corazón ubicadas en posición anterior (en la parte frontal del corazón). La mayoría de las heridas al corazón causadas por arma blanca afecta las cavidades derechas por su ubicación. Además de la hemorragia masiva, este tipo de herida también permite que el aire entre en la cavidad torácica, más específicamente en el espacio pleural, y esto hace que los pulmones se colapsen debido al aumento de la presión dentro del pecho (tórax). Este fenómeno se llama neumotórax. Un neumotórax es una condición peligrosa que requiere atención inmediata para que no sea letal. Una laceración cardíaca producida por una lanza provoca una crisis médica urgente, similar. La perforación cardíaca puede producir una hemorragia tan masiva que requiera atención médica inminente y eficaz para salvar la vida de la víctima. Incluso en las situaciones de trauma actuales, las laceraciones al corazón constituyen un alto riesgo de muerte.

Aún si por alguna casualidad Jesús se desmayó en la cruz, esa lanza habría sellado su muerte. Habría terminado el trabajo. No lo habrían bajado de la cruz vivo. De ninguna manera. Habría sido virtualmente imposible desde el punto de vista médico.

Indirectamente, esta teoría también acepta o implica que Jesús tenía algunos poderes supernaturales. Piense en esto: si aún después de que Jesús, el hombre, perdió tanta sangre por los azotes, la corona de espinas, la crucifixión y finalmente porque una lanza de tamaño completo le perforó el corazón, todavía fue capaz de restablecerse lo suficientemente bien para retirar la pesada roca que lo bloqueaba dentro de la tumba. ¡Ese es un poder sobrenatural!

La teoría del hermano gemelo

Esta teoría realmente me sorprendió. ¿Jesús tenía un hermano gemelo? Me recuerda a la película "El Truco Final" (título original en inglés: *The Prestige*). Esta película es sobre una batalla entre dos magos. Cada uno de ellos quiere ser el mejor. Sobrepasan los límites en cuanto a sus trucos y acrobacias, cada vez haciendo actos de magia más y más complejos. Uno de los magos tiene un hermano gemelo que le permite hacer algunas acrobacias "imposibles" que no son lógicas en la mente del otro mago. Al final, uno de los hermanos, sacrifica su vida en beneficio del otro.

Aunque la teoría del gemelo podría ser excelente para la trama de una película de Hollywood, no me parece que podamos creerla cuando se trata de refutar la resurrección de Jesús. Me causa cierta extrañeza escuchar a alguien decir: "No puedo explicar la desaparición del cuerpo. No sé qué pasó con él, pero la resurrección es impensable. Simplemente no puedo creerlo". De hecho, yo respeto eso, pero lo que me resulta preocupante es la forma en que algunos racionalistas tratan de explicar la ausencia del cuerpo de Jesús.

Solo se pueden crear teorías respetables después de un análisis profundo de las informaciones claves. Si la información importante se queda fuera en el proceso de elaboración de la teoría, se crea una teoría débil. Para explicar la tumba vacía, el "enfoque de escopeta" parece haber sido utilizado. Recuerdo haber oído tantas veces en la universidad: "Si usted no sabe la respuesta, sencillamente diga 'No sé'". Más tarde, cuando me hice médico, pude ver todavía con más claridad lo importante que es decir "No sé", viendo los fiascos que creaban algunos residentes en las conferencias, tratando de inventar respuestas para compensar por las cosas que no sabían. (En realidad, eso puede ser muy entretenido.) Es importante poder decir "No sé"; para un médico puede significar salvar la vida de alguien.

La conclusión es que no existe documentación alguna que indique que Jesús tuvo un hermano gemelo idéntico. Para que esta teoría sea cierta deben haber nacido dos gemelos llamados Jesús, a uno de los cuales mantuvieron oculto durante treinta y tres años. Entonces, exactamente cuando su hermano sufriera una muerte dolorosa y salvaje, el hermano gemelo habría salido de su escondite para poder aparecer como el Jesús resucitado ¡y de algún modo su cuerpo estaría marcado con idénticas heridas frescas de crucifixión!

Esta es la teoría de conspiración elevada a la potencia infinita. Simplemente no tiene sentido.

Alucinación de masas

Con esta teoría no hay duda de que hemos llegado a la cúspide de las teorías anti-resurrección. La teoría de la alucinación de masas implica que más de medio millar de personas habrían tenido la misma alucinación al mismo tiempo. Según el diccionario médico de Stedman, la definición de "alucinación" es una percepción falsa o distorsionada de los objetos o eventos con un sentido convincente de su realidad, generalmente como resultado de un trastorno mental o de drogas.[1]

Durante mis años de ejercicio de la medicina, que incluyen el tiempo de formación en cirugía general, seguido por una subespecialidad en cirugía cardiotorácica y más de diez años de ejercicio como cirujano cardíaco, he visto a pacientes alucinando. Los pacientes alucinan por varias razones. A veces podemos encontrar la razón, pero otras veces sencillamente no se puede. Hay una tendencia en los hospitales a tener habitaciones privadas, pero las semiprivadas con dos pacientes en una misma habitación todavía son muy comunes. En todos estos años, nunca he visto a dos pacientes en la misma habitación que tengan la misma alucinación. En otras palabras, nunca he visto a dos pacientes que tengan una percepción coordinada de un objeto o evento que no existe más que en sus mentes. Por definición, "alucinación" no deja lugar a la posibilidad de que dos personas perciban el mismo evento de la misma manera. También hay que tener en cuenta que existen diferentes tipos de alucinaciones: visuales, auditivas, olfativas y otras. La teoría de alucinación colectiva requeriría el logro de una alucinación muy compleja en la que medio millar de personas no solo vieron a Jesús, sino que también hablaron con él, lo escucharon y lo tocaron. ¡Esto es médicamente imposible!

LA RESURRECCIÓN—APOLOGÉTICA

Los cristianos creen en la Resurrección mayormente por fe (incluyendo creer en la veracidad del relato bíblico). Aceptar la existencia de este maravilloso evento, ha sido un factor común entre los cristianos de todas las denominaciones. Es una paradoja que la cosa más difícil de creer sea la única en la que todos estén de acuerdo.

Puesto que la resurrección tiene implicaciones extraordinarias para todos nosotros, creyentes y no creyentes, quisiera tomarme un poco de tiempo para analizarla desde una perspectiva histórica.

La historia es una ciencia. He aquí una definición clásica: "La historia es una narración de los acontecimientos que han sucedido en la humanidad, incluyendo un relato del auge y la caída de las naciones, así como de otros grandes cambios que han afectado la situación política y social de la raza humana".[2] Se basa en documentos organizados según una metodología.

Ha sido establecido que Julio César, Herodes el Grande, Herodes Antipas y Poncio Pilato fueron hombres reales y por lo tanto parte de la historia humana. Jesús es también una figura histórica. Él existió y fue contemporáneo de ellos. Una fuente de información es el Nuevo Testamento de la Biblia, en el que cinco libros describen la vida y el legado de Jesús: los cuatro Evangelios (Mateo, Marcos, Lucas y Juan) y los Hechos de los Apóstoles. Sin contradecirse entre sí, cada uno de estos libros documenta el hecho de que Jesucristo resucitó de entre los muertos. Encontramos diferencias en el estilo narrativo de los cinco libros, pero todos dicen lo mismo acerca de la Resurrección.

Que no haya contradicción entre los evangelios es muy importante. La historia humana está llena de contradicciones, dependiendo mucho de la perspectiva del propio autor. Si usted lee cinco biografías distintas de cualquier figura histórica, encontrará contradicciones. Además, aunque solo he citado los cuatro evangelios incluidos en la Biblia, hay evangelios no incluidos en la Biblia que también la mencionan. Ahora bien, algunos racionalistas podrían argumentar que la Biblia es un libro religioso y por lo tanto parcializado. Sin embargo, la Biblia contiene datos históricos acerca de Israel como colonia romana que se correlacionan con los libros de historia secular. Los nombres históricos mencionados anteriormente son ejemplos de seres humanos que vivieron en la misma época que Jesús, y también sus vidas están bien documentadas en otros libros. Por lo tanto, se puede afirmar que la Biblia es históricamente exacta en cuanto a su interpretación del período de tiempo en el que Israel era una colonia romana.

Debemos recordar, además, que el valor de un testimonio está determinado exclusivamente por la fiabilidad del testigo. De acuerdo con el testimonio de la Biblia, más de quinientas personas afirmaron que habían visto a Jesús resucitado (véase 1 Corintios 15, 06). Más tarde, algunos de los testigos fueron procesados, torturados e incluso asesinados por hablar de ello, pero su testimonio no cambió. ¿Quién se convertiría en un mártir por una mentira? Las personas no renuncian a sus vidas por algo que saben que es falso.

Frank Morison, abogado y periodista racionalista, escribió un libro titulado *Who Moved the Stone?* (¿Quién movió la piedra?). Este libro fue concebido inicialmente para refutar la resurrección, y Morison creía que con ello le haría un gran favor a la humanidad. Quería mostrar al verdadero Jesús, a quien consideraba un gran ser humano, un líder, pero solo un ser humano. Como abogado, él utilizó su formación jurídica para organizar, evaluar y clasificar la documentación. Este proceso puede ser muy tedioso. Me lo imagino con cuatro Biblias abiertas en diferentes Evangelios, comparando episodio por episodio, solo en busca de contradicciones entre ellos. Él estaba buscando contradicciones porque las mismas debilitan un testimonio.

Después de que este abogado hiciera una revisión muy detallada de la información, tuvo que renunciar a su opinión debido a la coherencia de la evidencia. El título del primer capítulo de su libro resume el drama de un investigador que lentamente acepta la fuerza de la evidencia: *The Book that Refused to be Written* ("El libro que se negó a ser escrito").[3] Este honesto autor racionalista concluye su libro con las siguientes palabras:

Sin duda hay una base sólida y profundamente histórica para la muy disputada frase del credo de los apóstoles: "Al tercer día resucitó de entre los muertos".[4]

Analicemos la evidencia

La ejecución de Jesús tuvo un efecto devastador en sus seguidores. Estaban asustados y confundidos. Su líder había muerto. El hombre que habían visto realizar todo tipo de milagros había sucumbido a la muerte en la cruz. Él no tenía que morir. No tenían ni idea de qué hacer ni a dónde ir. Su experiencia dinámica con un Jesús carismático ahora era solo un recuerdo.

¿Cómo recuperaron su entusiasmo y valor? ¿Qué les dio la energía para relanzar un movimiento religioso que en un tiempo relativamente corto se extendió por todo el Imperio Romano y más allá? Solo un evento puede explicar este aumento de energía, y se llama "la Resurrección". Lograron verlo de nuevo. Después de que él se levantó de entre los muertos, se quedó por alrededor de cuarenta días y luego les dio las últimas instrucciones:

> Y les dijo: "Vayan por todo el mundo y prediquen el Evangelio a toda criatura. El que crea y sea bautizado será salvo; pero el que no crea será condenado".

Marcos 16, 15-16

En poco tiempo, el cristianismo se convirtió en la religión oficial del Imperio Romano, lo que significó que este nuevo movimiento religioso llegó a todos los rincones del Imperio y más allá. Obviamente, morir en la cruz no limitó el legado de Jesús. La muerte física de Jesús no detuvo lo que él empezó. La intimidación de la crucifixión no funcionó. Algunos de los seguidores de Jesús fueron torturados, pero nadie se rindió. Se nos ha dicho que Pedro fue crucificado cabeza abajo. Parece que la muerte de Jesús hizo crecer su movimiento religioso. Permítanme decirlo de otra manera: la Resurrección le dio impulso a su movimiento religioso.

Mientras yo estaba trabajando en este manuscrito, me decidí a buscar evidencias extra bíblicas de la resurrección de Jesús. Fue una grata sorpresa descubrir que hay documentación real de este evento fuera de la Biblia. Un historiador judío llamado Flavio Josefo, quien fue contemporáneo de Jesús y no un cristiano, escribió a finales del siglo I, en una obra que llamó *Antigüedades Judías*, lo siguiente:

> Ahora bien, había en este tiempo Jesús, un hombre sabio, si es

93

lícito llamarlo un hombre; pues era un hacedor de maravillas, un maestro de los hombres que reciben la verdad con placer. Atrajo a muchos de los judíos y muchos de los gentiles. Él era [el] Cristo. Y cuando Pilato, por sugerencia de los hombres principales entre nosotros, lo había condenado a la cruz, los que le amaron desde el principio no lo abandonaron; porque él se les apareció vivo nuevamente al tercer día, como los profetas divinos de Dios habían predicho estas y diez mil otras cosas maravillosas acerca de él. Y la tribu de los cristianos, así llamados en honor a él, no se ha extinguido hasta el día de hoy.[5]

Así vemos pues que la resurrección de Jesús no es simplemente un mito religioso basado en la fe. La Resurrección es un hecho histórico, documentado por Flavio Josefo.

Al principio de este capítulo discutimos las diferentes teorías racionalistas en contra de la Resurrección. Cada una de esas teorías argumentaba un fraude y un fuerte compromiso con una mentira. Es importante entender que el transcurso del tiempo y los detalles son los mayores enemigos de la mentira. Además, cuantas más personas están implicadas en un fraude, más difícil es que no se descubra.

Charles Colson, quien fue asistente del presidente Nixon y se vio involucrado en el escándalo Watergate, experimentó profundamente las implicaciones de un fraude. Se trata de un hombre que sufrió las consecuencias de una mentira en la que el tiro le salió por la culata, y esto es lo que él dice acerca de la Resurrección:

Sé que la resurrección es un hecho, y Watergate demuestra que estoy en lo correcto. ¿Cómo? Porque 12 hombres testificaron haber visto a Jesús resucitado de la muerte, y entonces esa verdad fue proclamada durante 40 años, sin una sola negación. Cada uno de ellos fue golpeado, torturado, apedreado y encarcelado. Ellos no habrían sido capaces de resistir si no hubiera sido cierto. En Watergate estuvieron involucrados 12 de los hombres más poderosos del mundo—y no pudieron sostener una mentira, siquiera por tres semanas. ¿Dice usted que 12 apóstoles pudieron mantener una mentira por un período de 40 años? Absolutamente imposible.[6]

Mi objetivo inicial con este libro ha sido ofrecer algunas explicaciones básicas sobre el sufrimiento de Jesús en la cruz. Yo quería dar una explicación médica de la crucifixión que fuera comprensible para todos. En otras palabras ¿qué causa una crucifixión a un cuerpo humano? Al entender el terrible sufrimiento producido por la muerte en la cruz, y al darse cuenta de que Jesús podría haberlo evitado, yo quería que la gente fuera capaz de reconocer el verdadero valor de su sacrificio. La aceptación de la cruz por Jesús revela su compromiso con la verdad, la justicia y la no violencia. Él no abandonó sus ideales con el fin de evitar la muerte indignante que tenía por delante.

Otras Resurrecciones Bíblicas

A medida que profundicé en la investigación, también me di cuenta de que la historia de Jesús estaría incompleta sin la Resurrección. Como mencioné anteriormente, es la Resurrección la que la realza; de lo contrario, él sería simplemente otro mártir en la historia de la humanidad. Ahora el nombre de Jesús es sinónimo de resurrección. Cualquier otro caso de resurrección está directamente relacionado con Jesús—por ejemplo, la resurrección de Lázaro (véase Juan 11, 1–46) y la resurrección de la hija de Jairo (Marcos 5, 21–43). En ambos casos, las dos personas muertas regresaron a la vida por mandato de Jesús. Veamos la resurrección de Lázaro:

> Jesús le dijo: "¿No te dije que si crees, verás la gloria de Dios?" Entonces quitaron la piedra. Jesús alzó los ojos, y dijo: "Padre, te doy gracias porque me has oído. Yo sabía que siempre me oyes; pero lo dije por causa de la multitud que me rodea, para que crean que tú me has enviado".
>
> Habiendo dicho esto, gritó con fuerte voz: "¡Lázaro, sal de la tumba!" Y el que había muerto salió, los pies y las manos atados con vendas, y el rostro envuelto en un sudario. Jesús les dijo:

"Desátenlo, y déjenlo ir".

JUAN 11, 40–44

Jesús estaba haciendo una demostración poderosa con la resurrección de Lázaro. Él quería que sus discípulos no tuvieran ninguna duda sobre su naturaleza divina. Era muy importante que sus discípulos mantuvieran este episodio fresco en sus mentes, ya que su crucifixión estaba próxima y se avecinaban días difíciles.

Estos acontecimientos no se asemejan a las maniobras de reanimación con las que están familiarizados los médicos y las enfermeras. No se trata de restablecer la circulación en alguien que acaba de tener un paro cardíaco y cuyos órganos internos son todavía viables. Lázaro había estado muerto por cuatro días. Esta es la resurrección de verdad: volver a la vida después de haber sido enterrado.

El segundo caso trata de una niña de doce años de edad. La pérdida de un hijo nunca es fácil. No se especifica cuánto tiempo había estado muerta, pero muy probablemente por algún tiempo, como lo revela la historia:

> Mientras él estaba todavía hablando, vinieron unos enviados de la casa del oficial de la sinagoga, diciendo: "Tu hija ha muerto, ¿para qué molestas aún al Maestro?" Pero Jesús, oyendo lo que se hablaba, dijo al oficial de la sinagoga: "No temas, cree solamente".
>
> Y no permitió que nadie fuera con Él sino solo Pedro, Jacobo (Santiago) y Juan, hermano de Jacobo. Fueron a la casa del oficial de la sinagoga, y Jesús vio el alboroto, y a los que lloraban y se lamentaban mucho. Cuando entró les dijo: "¿Por qué hacen alboroto y lloran? La niña no ha muerto, sino que está dormida". Y se burlaban de Él. Pero expulsándolos a todos, Jesús tomó consigo al padre y a la madre de la niña, y a los que estaban con Él, y entró donde estaba la niña. Tonándola por la mano, le dijo: "Talita cum", que traducido significa: "Niña, a ti te

digo, ¡levántate!" Al instante la enferma se levantó y comenzó a caminar, pues tenía doce años. Y al momento todos se quedaron completamente atónitos. Entonces les dio órdenes estrictas de que nadie se enterara de esto; y dijo que le dieran de comer a la niña.

Marcos 5, 35–43

Jesús había demostrado de nuevo que tenía control sobre la muerte. Estas dos historias de resurrección fueron un preámbulo para la suya.

Características del cuerpo resucitado de Jesús

En un capítulo anterior mencioné que la cantidad de información contenida en la Biblia puede ser agobiante. Hay una variedad de temas, desde libros históricos a poéticos. Y por último, pero no menos importante, tenemos los Evangelios y otros libros que presentan la vida y el legado de Jesús. Se trata de miles de años condensados en un solo libro. He notado que algunas partes pasan desapercibidas. No estoy seguro de por qué ciertos episodios me llaman la atención, mientras que otros no. Puede ser que se deba a la combinación de mi mente de médico y mi fe cristiana.

Como médico cristiano, tengo mucha curiosidad acerca del cuerpo resucitado de Jesús. Durante mi lectura de los episodios posteriores a la resurrección, encontré algunas características fascinantes y detalles únicos, referentes a su cuerpo resucitado. Me gustaría presentar mi curiosidad y mis descubrimientos de una manera abierta, siendo consciente de que todo eso está realmente más allá de nuestra comprensión humana. Me parece muy interesante.

Después de su resurrección, Jesús se apareció a sus discípulos y amigos en múltiples ocasiones. Hay documentadas trece apariciones e interacciones de Jesús con sus discípulos. El evangelio de Juan sugiere que pueden haber sido más de trece.

Un detalle notorio es que, por algún motivo, los discípulos inicialmente tuvieron algo de dificultad para reconocer al Jesús resucitado. Esta dificultad particular se menciona en los cuatro Evangelios. Revisemos el encuentro con María Magdalena, la primera persona en verlo vivo:

"Mujer, ¿por qué lloras?", le dijo Jesús. "¿A quién buscas?" Ella, pensando que era el que cuidaba el huerto, le dijo: "Señor, si usted lo ha llevado, dígame dónde lo ha puesto, y yo me lo llevaré".

"¡María!" le dijo Jesús. Ella, volviéndose, le dijo en hebreo: "¡Raboní!" (que quiere decir Maestro).

Jesús le dijo: "Suéltame porque todavía no he subido al Padre; pero ve a mis hermanos, y diles: 'Subo a mi Padre y Padre de ustedes, a mi Dios y Dios de ustedes." María Magdalena fue y anunció a los discípulos: "¡He visto al Señor!" y que Él le había dicho estas cosas.

JUAN 20, 15–18

En este episodio, María Magdalena pensó que era el jardinero. Era temprano en la mañana, justo después de la salida del sol. Ella no lo reconoció hasta que dijo: "María". Pero también, por alguna razón, dijo, "Suéltame porque todavía no he subido al Padre". Mi impresión es que María le iba a dar un abrazo y él expresó eso. El hecho de que no fuera fácilmente reconocible y que no permitiera que María lo tocara tan pronto después de su resurrección apunta a que había algo diferente y único en el cuerpo resucitado. Lo que dijo sugiere que tenía que pasar por un proceso antes de que alguien pudiera tocarlo. Luego veremos una situación diferente en el futuro, cuando permitió que los discípulos lo tocaran.

Más tarde ese día, cuando aún había luz, dos de sus discípulos estaban caminando hacia un pueblo cercano llamado Emaús. Jesús se les apareció y caminó junto a ellos por un rato. La interacción entre Jesús y los dos discípulos refleja también una gran dificultad inicial para reconocerlo. Revisemos el episodio, para entender mejor el encuentro:

Aquel mismo día, dos de los discípulos iban a una aldea llamada Emaús que estaba como a once kilómetros de Jerusalén. Conversaban entre sí acerca de todas estas cosas que habían acontecido. Y mientras conversaban y discutían, Jesús mismo se acercó y caminaba con ellos. Pero sus ojos estaban velados para que no lo reconocieran.

Y Él les dijo: "¿Qué discusiones son estas que tienen entre ustedes mientras van andando?" Y ellos se detuvieron, con semblante triste.

Lucas 24, 13–17

Esos dos discípulos estaban enfrascados en su conversación, compartiendo sus sentimientos y emociones acerca de los últimos días. Una vez más, una conversación e interacción extensas tuvieron lugar sin que Jesús fuera reconocido. Caminaron juntos una distancia considerable e incluso hablaron de las Escrituras, y sin embargo, todavía no sabían que era él. Finalmente se dieron cuenta de su identidad cuando Jesús partió el pan con ellos:

Al sentarse a la mesa con ellos, Jesús tomó pan, y lo bendijo; y partiéndolo, les dio. Entonces les fueron abiertos los ojos y lo reconocieron; pero Él desapareció de la presencia de ellos. Y se dijeron el uno al otro: "¿No ardía nuestro corazón dentro de nosotros mientras nos hablaba en el camino, cuando nos abría las Escrituras?"

Lucas 24,30–32

En el camino a Emaús, es obvio que les tomó un tiempo a los discípulos identificar a Jesús. También se observa que la palabra "desapareció" se utiliza para explicar cómo él los dejó. En la lectura de otros episodios posteriores a la resurrección nos encontramos con las palabras "apareció" y "desapareció" para describir las entradas y salidas de Jesús. Esas palabras particulares dan un sentido de sobrenaturalidad. Es como la descripción de un fantasma, ¿no es así? Ahora bien, aunque nunca he visto un fantasma, nuestra comprensión tradicional de cómo es un fantasma es que ellos no tienen un componente sólido. El cuerpo resucitado de Jesús era el mismo de antes, pero también radicalmente distinto.

Antes de continuar el análisis de los encuentros posteriores a la resurrección de Jesús, vamos a revisar lo que hemos visto hasta el momento: (1) La dificultad para reconocer a Jesús durante los encuentros a la luz del día. (2) Él no permitió que María lo tocara poco después de su resurrección. (3) Él aparecía y desaparecía. (4) Él fue capaz de agarrar el pan, lo que implica que no era simplemente una visión, como un holograma o un fantasma.

Dejé para último el encuentro con los diez discípulos porque Jesús mismo les aclaró algunas cosas sobre su cuerpo resucitado a los discípulos que quedaban.

Mientras ellos relataban estas cosas, Jesús se puso en medio de ellos, y les dijo: "Paz a ustedes".

Pero ellos, aterrorizados y asustados, pensaron que veían un espíritu. Y Él les dijo: "¿Por qué están turbados, y por qué surgen dudas en sus corazones? Miren mis manos y mis pies, que Yo mismo soy; tóquenme y vean, porque un espíritu no tiene carne ni huesos como ustedes ven que Yo tengo".

Cuando dijo esto, les mostró las manos y los pies. Como ellos todavía no lo creían a causa de la alegría y porque estaban asombrados, les dijo: "¿Tienen aquí algo de comer?" Ellos Le presentaron parte de un pescado asado, y Él lo tomó en las manos y comió delante de ellos.

LUCAS 24, 36–43

Este episodio sucedió en un ambiente a puerta cerrada, en el Cenáculo donde los discípulos estaban escondidos, temerosos de las autoridades. Este encuentro tuvo lugar en la tarde, lo que se especifica en la versión de Juan. Durante este encuentro, fue reconocido de inmediato. Me parece muy desconcertante esta diferencia entre la luz del día y por la noche. Durante las horas del día, la gente parecía tener dificultades para reconocerlo, pero no por la noche. En su libro *Who Moved the Stone* (¿Quién movió la piedra?) Frank Morison también mencionó esta dificultad particular y desconcertante para reconocer a Jesús resucitado durante la luz del día. He aquí lo que él dice al respecto:

> Hay señales en el Evangelio de que existieran dificultades de tipo real y estrictamente científico para establecer la comunicación entre lo que (a falta de una expresión más exacta) hay que llamar el mundo del espíritu y el mundo de los sentidos. Hay una cierta cualidad en las apariciones a la luz del día que sugiere que reconocerlo fue difícil en ocasiones o, como lo diría un meteorólogo, había poca visibilidad.
>
> Pero los paralelismos que poseemos parecen indicar que la oscuridad es favorable a ciertas formas delicadas de transmisión y recepción. ¿Hasta nuestras señales inalámbricas no se desvanecen y se recuperan también a medida que la luz crepuscular se infiltra a través de la noche?[7]

Es interesante el hecho de que Jesús no tocara y entrara de manera normal, por la puerta. Él sencillamente se materializaba. La repentina aparición de Jesús entre ellos asustó a los apóstoles. Ellos pensaron que estaban viendo un fantasma. Esta situación requirió que Jesús diera algunas explicaciones para calmar a sus amigos. Esta vez, él les permitió que lo tocaran, que es algo diferente de lo que hizo con María Magdalena. Además, comió con ellos. En otras palabras, él se aseguró de que se dieran cuenta de que él no era un fantasma.

Ahora bien, al no utilizar la entrada principal, Jesús no se lo puso fácil a sus discípulos. Cuando sencillamente se materializó entre sus amigos, solo puedo imaginar la reacción de los discípulos. Tal vez porque soy un fan de *Star Trek* (Viaje a las Estrellas) me parece fascinante su capacidad de aparecer y desaparecer— no como una imagen etérea, sino como un cuerpo normal, sólido. Parece que la Biblia describe la teleportación.

La aparición de Jesús a los diez apóstoles (Tomás no estaba.) exhibe varias características singulares: (1) teleportación —Jesús ya no necesitaba usar puertas; (2) tenía un cuerpo de carne y hueso, así que no era un fantasma—se le podía tocar; (3) sus heridas permanecieron en su cuerpo resucitado como prueba de su sacrificio; y (4) parecía como si mientras estuviera en la tierra, su cuerpo necesitara alimentos (u otra forma de verlo); él podía comer.

Él todavía era completamente humano, porque había vuelto a la vida. ¿Lo cree usted, o es usted "incrédulo como Tomás"?

Después de trabajar en este libro, puedo ver que la Resurrección no es simplemente un evento en el que creemos debido a nuestra fe. Realmente sucedió. La pregunta en este punto no debe ser si Jesús lo hizo o no, sino más bien *cómo* lo hizo. Esta es una pregunta justa, pero no imagino que la ciencia la contestará pronto.

La evidencia científica e histórica a favor de la Resurrección es muy sólida. Encuentro muy interesante que fuera un no creyente quien aportara el análisis más completo a favor de la Resurrección. Los esfuerzos de Frank Morison para demostrar que Jesús no volvió a la vida produjeron el resultado opuesto. Toda su cuidadosa investigación probó que Jesús resucitó—créalo o no.

Epílogo

Espero que la lectura de este libro haya encendido en usted la chispa de la curiosidad y lo haya incentivado a investigar más sobre Jesús. Incluso al aprender más acerca de él como líder humano, usted puede llegar a conocerlo como el Mesías. Ahora bien, si usted ya es creyente, espero que se haya entusiasmado aún más por el estudio del perfeccionador de nuestra fe. Durante el proceso de investigación para este libro, he aprendido que la ciencia y la religión no son mutuamente excluyentes. Descubrí que grandes intelectuales, como Louis Pasteur y Albert Einstein, tenían una fe profunda en el Dios vivo. Es solo un mito que los científicos no son personas religiosas, o que las personas religiosas no son científicas. Aunque comencé este libro con la idea de aprender más sobre el mecanismo de la muerte por crucifixión, la información médica se convirtió en solo una parte de todo el proyecto. Cada día, nuevos caminos se abrieron y estimularon mi curiosidad. He leído mucho, y uno de los mayores beneficios es que tuve que leer la Biblia. Aunque siempre he leído este magnífico libro, esta vez fue diferente. En esta ocasión yo no buscaba un bello salmo que me fortaleciera un mal día; yo estaba investigando.

Me encontré con que, desde el punto de vista médico, la Biblia proporciona muchísima información que nos permite reconstruir el calvario de Jesús. Los datos históricos son muy precisos hasta en los más mínimos detalles. Y la grandeza de Jesús como figura histórica no tiene comparación. Como médico y cristiano, sentía la necesidad de conciliar dos realidades—la fe y los hechos científicos—y resultó que ambos no están en conflicto, después de todo. Así que he escrito acerca de Jesús, su muerte y su resurrección, por la necesidad que siento de compartir mis hallazgos y curiosidades.

Mi profesión me permite tocar físicamente el corazón de las personas. Ahora, a través de este libro, espero que Dios haya tocado el suyo. Toda la preparación y las lecturas para escribir este libro fueron fascinantes, pero al final solo confirmaron lo que yo ya sabía, basado en la fe únicamente:

Jesús es el Mesías, el Hijo de Dios, y la muerte no tiene poder sobre él. Al final, encontré que las palabras de Santo Tomás de Aquino expresan perfectamente mi punto de vista:

Para el que cree, ninguna explicación es necesaria.
Para el que no tiene fe, ninguna explicación es posible.

NOTAS

CHAPTER 1 THE SHROUD OF TURIN

1. Barbet, Pierre, MD. *A Doctor at Calvary*. (Fort Collins, CO: Roman Catholic Books, 1953), 17.
2. Wilson, Ian. *The Blood and the Shroud*. (New York, Free Press, 1998), 298
3. Wilson, 300
4. Barbet, 92–105.
5. Barbet, 105.
6. Wilson, 302.
7. Portal Electrónico del Sudario de Turín (www.shroud.com/78conclu. htm), resumen de las conclusiones del STURP.
8. "Pollen" on the Shroud of Turin blog (www.shroudstory.com) y Wilson, 303. Vea también Emanuela Marinelli, "The Question of Pollen Grains on the Shroud of Turin and the Sudarium of Oviedo," *Valencia*, April 28–30, 2012 (http://www.academia.edu/1536346/ The_question_of_pollen_grains_on_the_Shroud_of_Turin_and_ the_Sudarium_of_Oviedo).
9. Rogers, Raymond N. "Studies on the radiocarbon sample from the Shroud of Turin", *Thermochimica Acta* 425:1–2 (2005): 189–194
10. Wilson, 88–89
11. Portal Electrónico del Sudario de Turín (www.shroud.com/78conclu. htm), resumen de las conclusiones del STURP.

CAPÍTULO2: ANTECEDENTES HISTÓRICOS

1. Wawro, Goeffry, ed. *Historical: 1000 Years of Our Lives and Times* (Elanora Heights, NSW, Australia: Millennium House, 2006), 28.
2. Wawro, 26–30.
3. Olmedo, *Jesús. Jesús de Nazaret: Aproximación cordial, vivencial y creyente desde los pobres.* (Buenos Aires, Argentina: San Pablo,

2011), 50.

4. Wright, Tom. *The Original Jesus; The Life and Vision of a Revolutionary*, (Grand Rapids, MI: Eerdmans, 1996), 27. 4. Olmedo, 48–54.

CAPÍTULO 3: JESUCRISTO—EL MESÍAS

1. F.A. Larson, *The Star of Bethlehem* (www.bethlehemstar.net/the-day- of-the-cross/peters-argument. www.bethlehemstar.net/the-day-of- the-cross/the celestial dirge)
2. Colin, Humphries. Tabla, "Chronology of the Nativity"
3. Hughes, David. Tabla, "Published Chronology of the Nativity"
4. Kidger, Mark R. *The Star of Bethlehem: an Astromoner„s View* (Princeton, NJ: Princeton University Press, 1960), 65
5. Kidger, 66
6. Chilton, Evans, Bruce and Craig. *Studying the Historical Jesus: Evaluations of the State of Current Research* (Leiden, Holanda: E.J. Brill, 1998), 124
7. Chilton and Evans, 123–154
8. Dunn, James D.G. *Jesus Remembered, Vol. 1* (Grand Rapids, MI: Eerdmans, 2003), 314–316
9. Evans, Craig A. *Jesus and His World: the Archeological Evidence* (Louisville, KY: Westminster John Knox Press, 2012), 63–88
10. Flavius Josephus, William Whiston, translator. *The New Complete Work of Josephus: Against Apion, book 1* (Grand Rapids, MI: Kregel Academic, 1999), 941
11. *Josephus, Against Apion, book 2*, 973
12. *The American Heritage Stedman„s Medical Dictionary* (New York: Houghton Mifflin, 2001), 612

CAPÍTULO 4: LA CRUCIFIXIÓN

1. H.R. Jerajani, Bhagyashri Jaju, M.M. Phiske, and Nitin Lade. "Hematohidrosis: a Rare Clinical Phenomenon," *Indian Journal of Dermatology*, 54(3) (2009): 290–292
2. Barbet, 48

3. R. Lumpkin. "The Physical Suffering of Christ," *Journal of the Medical Association of Alabama* 47 (1978): 8–10

4. Terasaka, David. "Medical Aspects of the Crucifixion of Jesus Christ," *Blue Letter Bible* (2000), 1–18

5. Alberge, Dalya. "Study Shines Light on Final Steps of Christ," *Courier-Mail* (Brisbane, Australia), April 11, 2009 (archived at http://www.couriermail.com.au/news/pilgrims-on-wrong-path/story-e6frep26-1225699228574).

6. Edwards, William D., MD, Wesley J. Gabel, Floyd E. Hosmer, "The Physical Death of Jesus Christ," *Journal of the American Medical Association* 255(11)(1986): 1455–1463. (Reimpreso en www.frugalsites.net/jesus/crucifixion.htm y en http://www.champs-of-truth.com/les-sons/tract_13g.htm.)

7. Terasaka.

8. Edwards, et al., Terasaka.

9. Barbet, 104.

10. Eastman, Mark, MD, "Medical Aspects of the Crucifixion: the Agony of Love," reimpreso en Koinonia House online (www.khouse.org/article/1998/113). Original publicado en el *Personal Update News Journal*, abril 1998.

11. Edwards, et al.; Terasaka; Eastman.

12. Barbet, 113–127.

13. Larson. (www.bethlehemstar.net/the-day-of-the-cross/peters-argument. www.bethlehemstar.net/the-day-of-the-cross/the-celestial-dirge)

CAPÍTULO 5: LA RESURRECCIÓN

1. *Stedman„s Medical Dictionary*, 352

2. Anderson, John J. *A Manual of General History* (New York: Clark & Maynard, 1876)

3. Morison, Frank. *Who Moved the Stone?* (Grand Rapids, MI: Zondervan, 1958), 9

4. Morison, 193

5. Flavius Josephus, William Whiston, translator. *The New Complete Work of Josephus: Jewish Antiquities, book 18* (Grand Rapids, MI: Kregel Academic, 1999), 590

6. Colson, Charles. "The Paradox of Power," *Power to Change* (www.powertochange.ie/changed/index_Leaders)

Bibliografía

Anderson, John J. *A Manual of General History*. New York: Clark & Maynard. 1876.

Barbet, Pierre, MD. *A Doctor at Calvary*. Fort Collins, CO: Roman Catholic Books. 1953.

Baue, Arthur E., et al., eds. *Glenn„s Thoracic and Cardiovascular Surgery*. Stamford, CT: Appleton & Lange. 1996.

Bulst, Wermer. *The Shroud of Turin*. Milwaukee, WI: Bruce Publishing Co. 1957.

Chilton, Bruce, and Craig Evans. *Studying the Historical Jesus: Evaluations of the State of Current Research*. Leiden, Holanda: E.J. Brill. 1998.

Dunn, James D.G. *Jesus Remembered, Vol. 1*. Grand Rapids, MI: Eerdmans. 2003.

Edwards, William D., Wesley J. Gabel, Floyd E. Hosmer. "The Physical Death of Jesus Christ". *Journal of the American Medical Association* 255(11)(1986): 1455–1463.

Evans, Craig A. *Jesus and His World: The Archaeological Evidence*. Louisville, KY: Westminster John Knox. 2012.

Jerajani, H.R., Bhagyashri Jaju, M.M. Phiske, and Nitin Lade. "Hematohidrosis: a Rare Clinical Phenomenon," *Indian Journal of Dermatology*, 54(3) (2009).

Josephus, Flavius, William Whiston, translator. *The New Complete Work of Josephus*. Grand Rapids, MI: Kregel. 1999.

Kidger, Mark. R. *The Star of Bethlehem: An Astronomer„s View*. Princeton, NJ: Princeton University Press. 1960.

Lumpkin, R. "The physical suffering of Christ," *Journal of the Medical Association of Alabama* 47 (1978), 8–10.

Miller, Thomas A, and B.J. Rowland, eds. *The Physiologic Basis of Modern Surgical Care*. Washington, DC: C.V. Mosby. 1988.

Morison, Frank. *Who Moved the Stone?* Grand Rapids, MI: Zondervan. 1958.

Lloyd M., Nyhus. Josef E. Fischer, Robert J. Baker, eds. *Mastery of Surgery*. Boston: Little, Brown. 1992.

Olmedo, Jesús. Jesús de Nazaret: *Aproximación cordial, vivencial y creyente desde los pobres*. Buenos Aires, Argentina. San Pablo. 2011.

Rogers, Raymond N. "Studies on the Radiocarbon Sample from the Shroud of Turin," *Thermochimica Acta* 425:1–2 (2005).

Sabiston, David C., MD. *The Biological Basis of Modern Surgical Practice*. Philadelphia: W.B. Saunders. 1991.

Schwartz, Seymour I., MD. *Principles of Surgery*. New York: McGraw-Hill. 1994.

Wawro, Goeffry. *Historica: 1000 Years of Our Lives and Times*. Elanora Heights, NSW, Australia: Millennium House, 2006.

Wilson, Ian. *The Blood and the Shroud*. New York: Free Press. 1998.

Wright, Tom (N.T.) *The Original Jesus: The Life and Vision of a Revolutionary*. Grand Rapids, MI: Eerdmans. 1996.

* Este mismo relato aparece en Marcos 14, 12–26; Lucas 22, 7–23; Juan 13, 21– 26.

Por favor visite: www.josenorbertobooks.com
Facebook: @josejnorbertobooks